Christina Lachkovics-Budschedl

Kohlenhydrate sind keine Dickmacher

Bildnachweis:
Adobe Stock: S. 26 (unpict.com), 36 (mates/Fotolia), 41 (michelaubryphoto/Fotolia), 43 (tournee/Fotolia), 47 (Markus Mainka/Fotolia), 64 (Pavel Lysenko/Fotolia), 65 (Serhiy Shullye/Fotolia), 67 (cook_inspire/Fotolia), 70 (emmi/Fotolia), 73 (lipatoffa72/Fotolia), 84 (Popova Olga/Fotolia), 84 (MaxWo/Fotolia), 99 (Anna-Mari West/Fotolia), 107 (Sebastian Radu), 109 (baibaz/Fotolia), 112 (HETIZIA_ChLesjak), 120 (Markus Mainka/www.marek-photo.de)
Peter Barci: S. 58, 61, 74, 89, 91, 92, 97, 100, 126
iStock: S. 9 (Picture Partners Holland), 12, 14, 18, 22 (Claudia Steiner), 77 (Serghei Platonov), 81, 98, 106, 108, 111 (Gray), 115, 119, 122, 124 (tina.rencelj@email.si)

ISBN: 978-3-7088-0671-6

www.kneippverlag.com
Autorin: Christina Lachkovics-Budschedl
Lektorat: Marion Mauthe
Grafische Gestaltung: Emanuel Mauthe/Extraplan
Druck: Theiss GmbH, A-9431 St. Stefan

Printed in Austria

1. Auflage, Februar 2016

CHRISTINA LACHKOVICS-BUDSCHEDL

KOHLENHYDRATE SIND KEINE DICKMACHER

Slow Carb für Kinder und Eltern

kneipp verlag
WIEN

Inhalt

Teil I

ERNÄHRUNGSERZIEHUNG

Teil II

MAHLZEIT!

Vorwort

Warum ist mein Kind zu dick? Früher haben Kinderärzte, Verwandte oder Freunde von Eltern eines übergewichtigen Kleinkindes mit folgender Floskel beruhigt: »Das wächst sich schon noch aus! Das ist noch der Babyspeck!« Diese Aussage sollte möglichst nicht mehr getroffen werden, denn sie birgt heute tatsächlich die Gefahr von chronischem Übergewicht. Wenn man aber seine Lebensweise einer Diät anpassen und spezielle Lebensmittel einkaufen muss, gibt es oft schwer in den Alltag zu integrierende Regeln, die eigentlich keinen Sinn ergeben, ist doch ein solcher Speiseplan meist nicht gemeinsam mit der ganzen Familie umsetzbar. Aber genau das ist der Punkt: Damit Eltern und Kinder einen sinnvollen Ernährungsalltag leben können, braucht es keine Diät, sondern eine Hinwendung zu einer vernünftigen Ernährungsweise.

In einem Familienverband ist die Ernährungssituation nämlich durchaus komplex. Da gibt es Kinder, die in den Kindergarten oder in die Schule oder an die Uni gehen, berufstätige Eltern mit unterschiedlichen Arbeitszeiten, Schichtdiensten, Dienstreisen und diversen Freizeitaktivitäten. Durch Stress und auch Ernährungsunsicherheiten schleichen sich – was das Essen betrifft – Fehler ein, die tatsächlich bereits bei Kindern und Jugendlichen zu Übergewicht führen können. Für alle Familienmitglieder die richtige Ernährung zu finden und womöglich auch noch Gewicht zu verlieren, scheint schwierig zu sein. Doch es gibt einen Weg. Dieses Buch soll Ihnen und Ihrer Familie helfen, gemeinsam den Weg raus aus Diätfalle und Ernährungschaos und rein in einen praktischen Ernährungsalltag zu finden. Das Motto sollte lauten: Zurück zum Normalgewicht!

Der Ordnung halber möchte ich hinzufügen, dass zur besseren Lesbarkeit in diesem Buch personenbezogene Bezeichnungen, die sich zugleich auf Frauen und Männer beziehen, generell nur in der im Deutschen üblichen männlichen Form angeführt werden. Dies soll jedoch keinesfalls eine Geschlechterdiskriminierung oder eine Verletzung des Gleichheitsgrundsatzes zum Ausdruck bringen.

Christina Lachkovics-Budschedl

Der Wandel

Von lebensnotwendig zu lebensbedrohlich

Ohne Nahrung gibt es kein Leben. Die Aufnahme von Energie und Nährstoffen ist für das Überleben so wichtig wie das Einatmen von Sauerstoff. Jede Lebensform, ob primitiv oder hochentwickelt, benötigt Essen. Während etwa bei wild lebenden Tieren ausschließlich die Nahrungsaufnahme allein dazu dient, um zu überleben, ist die Bedeutung der Nahrung bei Haustieren, die in einer engen Beziehung zu Menschen stehen, bereits eine vollkommen andere. Bitte wundern Sie sich nun nicht über diesen tierischen Exkurs, aber er verdeutlicht die Situation sehr gut: Bei vielen Haushunden bedeutet Fressen Belohnung, Anerkennung, Sicherheit. Ein direkter Vergleich mit Menschen ist erkennbar. Für den Menschen bedeutet Nahrung nicht unbedingt Anerkennung, aber Belohnung, Trost oder auch Lust. Die Nahrungsaufnahme zur Lebenserhaltung steht erst an zweiter Stelle.

Einige indigene Völker, seien es die Massai in Afrika, die Inuit in Grönland oder die Mapuche in Südamerika, haben noch einen fundamentalen Zugang zum Thema Ernährung. Nahrungsbeschaffung wie auch Nahrungsaufnahme dienen den unter sehr einfachen Verhältnissen lebenden Menschen primär dem Erhalt des Lebens. Ernährungstraditionen finden in diversen Feierlichkeiten zwar ihren Platz, wobei die Nahrung selbst in diesem Rahmen nicht die ursprüngliche Bedeutung verliert. Ganz im Gegenteil: Die Bedeutung der Nahrung zum Überleben wird oftmals dadurch besonders aufgezeigt, verstärkt und zelebriert. Der sorgsam über Generationen erlernte Umgang mit Nahrung im guten Zusammenspiel mit der Natur, die lebensnotwendigen Erkenntnisse über Wirkung und Bedarf sowie der körpereigene Instinkt werden durch die immer größeren Einschränkungen ihrer Lebensräume durch Globalisierung, Umweltverschmutzung, Brandrodung, u. v. m. derart gefährdet, dass die meisten indigenen Völker vom Aussterben bedroht sind.

Daher ist der Schutz und Erhalt selbstbestimmt lebender Menschen aus vielen Gründen wichtig. Einer dieser Aspekte wäre jener, dass sie uns vor Augen führen, wie sich unser ursprüngliches Leben anfühlte. Von ihrer Einstellung zur Nahrung sehen und erkennen wir, dass sich der Stellenwert der Ernährung extrem verändert hat. Der Zugang zum Essen ist in der industrialisierten Welt tatsächlich ein ganz anderer. Die Bedeutung der Lebenserhaltung ist schon lange in den Hintergrund getreten. Zahlreiche Traditionen rund um Weihnachten, Ostern, Erntedank, Fasching etc. werden zwar weiter gepflegt, doch wird deren Sinn immer mehr vom Konsumverhalten rund ums Essen verdrängt. Schokolade-Adventkalender ab dem 1. Oktober? Schoko-Osterhasen in den Regalen kurz nach Weihnachten? Die Profite der Nahrungsmittelindustrie decken alles andere zu. Das unüberschaubare Angebot an Lebensmitteln beschränkt sich nun nicht mehr auf die Bedürfnisse des Körpers, sondern vielmehr auf die Bedürfnisse der Stockholder.

Daran ist zu erkennen, dass der Mensch in den Industriestaaten keine Rücksicht auf Hunger und Bedarf und schon gar nicht auf Sättigung nimmt. Hunger wird gerne aus Zeit- oder Diätgründen ignoriert, andererseits wird die Sättigung einfach übergangen. Essen scheint unbegrenzt vorhanden zu sein. Kurzum: Das Schlaraffenland ist Wirklichkeit geworden. Das Leben in der westlichen Welt wird also nun nicht mehr vom Mangel, sondern vom Überangebot an Lebensmitteln bedroht, während 795 Millionen Menschen auf der Welt nicht genug zu essen haben. Übrigens ist die Zahl der Hungernden seit 1990 zwar um 216 Millionen zurückgegangen, doch muss laut einer Studie der Food and Agriculture Organization of the United Nations (FAO) aus dem Jahr 2015 immer noch einer von neun Menschen weltweit Hunger leiden. Beides aber kann definitiv tödlich sein.

Dabei hat der Mensch über viele tausend Jahre hinweg gelernt, mit Nahrungsknappheit zurechtzukommen. Das menschliche System hat physiologische Anpassungen vorgenommen, um zu überleben. Die Entwicklung vom Mangel zum Überfluss ist allerdings sehr rasch erfolgt. Weder der Körper und noch weniger der Geist hatten genügend Zeit, um sich entsprechend entwickeln zu können. Die Folgen des Lebensmittelüberangebots in der westlichen Welt sind neben Übergewicht, Adipositas und Diabetes auch die üblichen aus Überernährung resultierenden weiteren Krankheitsbilder wie etwa Herzinfarkt, Schlaganfall, Bluthochdruck, Arteriosklerose und auch Krebs (Dickdarmkrebs, Speiseröhrenkrebs etc.). Und damit einhergehend resultieren wiederum steigende Kosten im Gesundheitswesen, lange Arbeitsausfälle und Arbeitsplatzverlust, Isolierung, Pflegenot. Eine teuflische Spirale, die schon längst begonnen hat sich zu drehen und dabei immer mehr an Geschwindigkeit zulegt.

Teil I

ERNÄHRUNGSERZIEHUNG

Warum wir zu dick sind

Atmen, schlafen, essen: Das Weglassen auch nur einer dieser drei Tätigkeiten führt zum Zusammenbruch des menschlichen Systems und somit zum Tod.

Während wir beim Einatmen von Sauerstoff keine Auswahl treffen können, haben wir großen Einfluss auf das Schlafverhalten und einen noch viel größeren auf unsere Ernährung. Beides, sowohl das Schlafen wie auch das Essen, haben ähnliche Aufgaben: den Körper wieder fit zu machen. Während wir durch das Schlafen den Körper regenerieren und er dadurch wieder zu Kräften kommt, liefert Nahrung dem Körper Energie. Schlafen und Essen beeinflussen einander und jedes für sich unsere psychische Verfassung. All diese Parameter können wir bewusst steuern, um das Normalgewicht zu erlangen und erhalten.

Sehen wir uns zunächst an, was unser Körpergewicht beeinflusst. Grundsätzlich besteht der Körper aus sogenannter Mager- und Fettmasse. Die Magermasse selbst besteht aus Wasser, sowie einem extrazellulären (Haut, Knochen, Kollagen, Flüssigkeiten) und einem zellulären Anteil (sauerstoff- und energieverbrauchende Zellen = Muskelmasse). Wird von einer gezielten Gewichtsreduktion gesprochen, dann ist die Rede von einer Fettreduktion. Weder eine Abnahme von Muskelmasse noch die alleinige Abnahme von Wasser hat einen positiven Einfluss auf die Gesundheit. Besteht Übergewicht oder sogar morbides (krankhaftes) Übergewicht, ist es allerdings möglich, auch einen höheren Anteil an Körperwasser durch eine Ernährungsumstellung zu verlieren. Durch erhöhtes Übergewicht lagert der Körper auch vermehrt Wasser ein, daher ist ein anfänglicher Wasserverlust sogar wünschenswert. Allerdings sollte man bei einer geplanten Gewichtsreduktion einem Muskelverlust vorbeugend entgegentreten. Wird durch eine radikale Diätmaßnahme der Muskelanteil reduziert, führt dies im weiteren Verlauf zu einer negativen Veränderung der Körperzusammensetzung: Meist erfolgt nach Beendigung der Diät eine schnelle Gewichtszunahme. Der Körper setzt sich danach aus weniger Muskelmasse und deutlich mehr Fett zusammen als vor der radikalen Umstellung. Ein Umstand, der, vor allem wenn er wiederholt zum Tragen kommt, womöglich einen nachhaltigen Gewichtsverlust unmöglich werden lässt.

Kurzfristige Gewichtsreduktion

Man spricht von kurzfristiger Gewichtsreduktion, wenn die Veränderung des Körpergewichts nur von kurzer Dauer und daher nicht nachhaltig ist. Das Gewicht verändert sich innerhalb von wenigen Monaten, bzw. innerhalb von nur zwei Jahren wieder zum Ausgangswert zurück. Es kommt oft vor, dass das Gewicht dann meist sogar höher ist als der Ausgangswert.

Ursachen für eine kurzfristige Gewichtsreduktion:

› Einseitige Ernährungsumstellung (Low-Carb-Diät etc.)
› Radikale Diäten (Energiezufuhr deutlich unter dem Grundumsatz)
› Krankheiten
› Stress

Langfristige Gewichtsreduktion

Man spricht von langfristiger Gewichtsreduktion, wenn die Veränderung des Körpergewichts nachhaltig bleibt und es anschließend zu keiner starken Gewichtszunahme kommt. Kleine Gewichtsschwankungen (zwischen zwei bis fünf Kilogramm) sind durchaus möglich und unproblematisch.

Wie komme ich zu einer langfristigen Gewichtsreduktion? Durch eine sinnvolle Ernährungsumstellung, die tatsächlich durchführbar ist, das heißt ohne rigides Verhalten, ohne strenge Verbote, aber mit flexibler Kontrolle. Zusätzlich, wenn möglich, ein adäquates Bewegungsprogramm, das alltagstauglich und familien- bzw. berufsfreundlich ist.

Während kurzfristige Gewichtsreduktionen nicht nur sehr häufig und schnell erreicht werden, sondern auch eine Art Trend geworden sind, werden gesundheitsfördernde langfristige Gewichtsreduktionen nur sehr selten erreicht. Der Grund dafür liegt am meist langsameren Gewichtsverlust, der für viele Menschen keine Motivation ist. Wenn man schon etwas verändert, möchte man möglichst schnell den Erfolg sehen und spüren. Geht es ums Abspecken, wird das vernünftige Denken meist einfach ausgeschaltet. Dies stellt mittlerweile das Hauptproblem in der Bekämpfung des Übergewichts dar. Radikale Maßnahmen steigern vorübergehend die Motivation, können jedoch keinesfalls nachhaltig umgesetzt werden. Sinnvolle Maßnahmen kommen meist erst zum Tragen, wenn sämtliche Energie für Crashdiäten aufgebraucht ist, sie keine Wirkung mehr zeigen oder die Vernunft zurückgekehrt ist. Aber bis dahin ist der Weg oft lang, und durch viele starke Gewichtsschwankungen geprägt. Ein Umstand, der das seelische Gleichgewicht massiv ins Wanken bringt und der sich auf das Umfeld – die Familie – in jeglicher Hinsicht auswirkt.

Bewegungsarmut führt zu Übergewicht – vor allem bei Kindern

In Wirklichkeit ist das eine einfache Rechnung: Wird mehr Energie zugeführt als verbraucht, dann legt der Körper diesen Überschuss in Form von Körperfett ab. Während es früher noch keine X-Box, Playstation und Smartphones gab und Kinder sich mit Räuber-und-Gendarm-Spielen die Zeit vertrieben, neigt die heutige junge Generation immer mehr im digitalen Überangebot gefangen zu sein. Purzelbäume, Seile klettern, Rad schlagen oder Handstand sind vor allem bei städtischen Kindern richtige Akrobatik und kaum umsetzbar. Die Bewegungsarmut ist so groß wie nie, obwohl das Angebot an Indoorspielplätzen, Freizeitparks und Geschicklichkeitsgärten wächst. Doch wenn an solchen Orten das Fast-Food-Angebot lockt, sind die verbrannten Kalorien schneller wieder aufgenommen, als man denkt. Einen Familienausflug im Klettergarten mit besonderen Leckereien zu versüßen, wird einerseits zu einem schönen Familienerlebnis, andererseits kann es trotz Bewegung zu einem Energieplus kommen. Abgesehen davon wird so Bewegung immer mit Essen konditioniert. Ein Kind, ein Jugendlicher wird dadurch automatisch nach einer sportlichen Ertüchtigung an Essen denken.

Aber selbstverständlich sollen Kinder essen. Und natürlich dürfen Kinder auch naschen. Doch leider wird sehr oft der hohe Energiewert von Snacks übersehen und gleichzeitig der Energieverbrauch durch Bewegung überschätzt. Wodurch es oft zur Frage kommt: »Warum ist mein Kind zu dick?«

Schlank werden und schlank bleiben

Was kann man tun und was soll man vermeiden?

Die beste, aber leider seltenste Strategie wäre es, das Gewicht so gut wie möglich konstant zu halten bzw. starke Gewichtsschwankungen zu vermeiden. Dies gilt vor allem für unsere Kinder. Bitte denken Sie daran, dass Ihr Kind im Wachstum steckt und eine kontinuierliche, lineare Gewichtszunahme ganz normal ist. Vermeiden Sie Diäten, bei welchen Sie sich zu sehr stressen. Nachhaltige Gewichtskorrekturen gelingen nur, wenn Veränderungen so gut wie möglich beibehalten werden können. **Kinder dürfen keine Diät machen!** Und schon gar nicht darf man sie auf die Idee bringen. **Ernährungserziehung** ist das Schlüsselwort. Sie erziehen Ihr Kind zu einer sinnvollen Ernährungsweise. Die nächsten Kapitel werden Ihnen dabei helfen.

Zunächst ist es ratsam, die Einkaufsgewohnheiten schrittweise zu verändern. Von heute auf morgen nur noch Vollkornprodukte und viel Gemüse könnten Ihrem Verdauungstrakt schwer im Magen liegen. Lassen Sie Ihre Kinder Gemüse aussuchen, ein paar Rezepte auswählen. Und wenn Ihr Kind alt genug ist, schicken Sie Ihr Kind auch einmal allein in den Lebensmittelladen.

TIPP

Gleichen Sie einen Schlemmertag (Jokertag) am darauf folgenden Tag mit etwas Bewegung aus oder legen Sie ein Dinner light ein – nach einem gewohnten Frühstück und Mittagessen als Abendmahlzeit ausschließlich ein einfaches mageres Milchprodukt wie Joghurt, Buttermilch oder Milch. Wichtig ist es, diesen Abend eher der Entspannung zu widmen und keinen Sport oder Arbeit einzuplanen. Damit kann man nicht nur den Vortag gut ausgleichen, sondern auch die Fettverbrennung nachts unterstützen. (Wichtig: würde man dies täglich machen, verlöre es den Reiz). Solche Jokertage gibt es freilich auch für Kinder wie zum Beispiel Geburtstagspartys. Am besten Sie beachten vor und nach solchen Tagen einen ausgewogenen und leichteren Ernährungsplan und besprechen ihn nicht mit Ihrem Kind. Zu viel darüber zu diskutieren, ist keinesfalls gut. Ab und zu ein kohlenhydratfreies Abendessen hilft beim Abnehmen, wenn man früh und mittags sinnvoll isst.

Kindertipp: Kinder dürfen abends Kohlenhydrate essen. Abends sollte es eine kleinere Mahlzeit werden, aber gerne mit Brot, Kartoffeln etc.

Wichtig

- Regelmäßig und vor allem rechtzeitig essen
- Ausgewogene, abwechslungsreiche Ernährung
- Gerne auch mal kleine Sünden genießen
- So oft wie möglich, aber zumindest eine Mahlzeit mit allen Sinnen wahrnehmen. Daher nicht neben E-Mails-Lesen/Beantworten oder beim Telefonieren, Zeitung Lesen, Internetsurfen usw.
- Etwas besser organisiert, ist der Ernährungsalltag sehr einfach und besonders effizient.
- Ausreichend trinken.
- In der Ernährung im Arbeitsalltag geht es hauptsächlich darum, eine Achterbahnfahrt des Blutzuckerspiegels mit all seinen negativen Auswirkungen zu vermeiden.
- Nicht zu weit vorausdenken. Anfangs wäre es gut, von Mahlzeit zu Mahlzeit zu planen.

Bedeutet weniger Gewicht weniger essen?

Viele Klienten fragen mich, ob sie nach einer Gewichtsreduktion die von mir empfohlenen Portionsgrößen reduzieren müssen. Nein! Definitiv nicht. Stellen Sie sich vor, ich nehme einem stark übergewichtigen Menschen jedes Mal wieder einen Anteil an Eiweiß und Kohlenhydraten weg, dann wird er schon bald nichts mehr essen dürfen. Aber man muss, wie im Sport, immer wieder neue Reize setzen, um einer Anpassung und somit einer Stagnation der Gewichtsreduktion entgegenzuwirken.

Denken Sie an Ihr Kind. Müssten Sie immer wieder die Portionsgrößen der Speisen Ihres Kindes reduzieren, wird es am Ende bald nichts mehr essen dürfen. Es muss von vornherein darauf geachtet werden, nicht zu wenig zu essen. Der Körper passt sich an eine zu geringe Energiezufuhr an, und das ist auf Dauer problematisch, da es dann bereits durch eine leichte Steigerung der Energiezufuhr rasch zu einer Gewichtszunahme kommen kann (Jo-Jo-Effekt). Sämtliche Tipps und Erklärungen, die Sie nun in diesem Buch lesen werden, helfen Ihnen und Ihrem Kind so zu essen, dass Sie und Ihr Kind gut versorgt sind und abnehmen können.

Konditionierung
ein bedeutsames Kapitel in der Ernährungserziehung

Was ist Konditionierung?
Will man seine Ernährung und auch die seiner Kinder in den Griff bekommen, dann muss man sich neben der richtigen Auswahl der Lebensmittel auch mit Konditionierungen auseinandersetzen. Denn wenn Sie auf einen wiederkehrenden Reiz stets mit derselben Reaktion antworten, vernetzt sich dieser Vorgang in ihrem Gehirn und wird zum Automatismus. Sie reagieren dann auf diesen Schlüsselreiz, den **Trigger**, unterbewusst. Der Begriff **Trigger** geht auf die Forschungsergebnisse von Iwan Petrowitsch Pawlow zurück. Dieser ließ in einem Experiment immer dann ein Glöckchen läuten, bevor er seinen Hunden etwas zu fressen gab. Er maß den Speichelfluss, den die Hunde absonderten, sobald sie das Futter sahen, und er maß den Speichelfluss vor dem Anblick, aber nach dem Läuten des Glöckchens. Irgendwann begann die Speichelabsonderung direkt nach dem Läuten. Pawlow erhielt 1904 den Nobelpreis für den Nachweis eines Zusammenhangs zwischen Nervensystem und Verdauung.

Was aber lässt sich hier für Ihre Ernährung und die Ihres Kindes daraus ableiten? Schreit ein Baby, hat es Hunger, meinen viele unerfahrene Mütter. Aber hat es vielleicht nur Sehnsucht nach Berührung und schreit deswegen? Wie erkennt man, ob ein Baby Hunger hat oder Bauchweh, oder ob es sich einfach nur unbehaglich fühlt? Man traut heutzutage nicht mehr seinen mütterlichen Instinkten. Werden Babys gestillt, hört man sehr oft, dass man dem Kind die Brust ad libitum geben kann. Das bedeutet, dass man mehr oder weniger dem Baby ständig die Brust anbieten kann. Einerseits sinnvoll, da es wichtig ist, das Kind häufig anzulegen, damit die Mutter auch ausreichend Milch produzieren kann (das Prinzip beim Stillen ist sehr einfach: Je mehr getrunken wird, desto höher ist der Bedarf, und umso mehr Milch wird produziert, daher reguliert der Körper der Mutter die Mengen für das Baby). Aber Folgendes kann passieren: Das Baby trinkt scheinbar gut und kräftig, doch nach sehr kurzer Zeit schreit es erneut. Die Mutter denkt, verunsichert durch zahlreiche Ratgeber, es hätte nicht genug Milch bekommen. Also legt die Mutter das Kind erneut an. Dies bewirkt automatisch eine erhöhte Milchproduktion, daher steigt das Angebot für das Kind. Aber was ist, wenn das Kind gar keinen Hunger hatte, sondern vielleicht Bauchweh oder vielleicht einfach nur Nähe suchte? Das Kind wird dann mit Essen beruhigt. Durch das Stillen wird das primäre Bedürfnis, die körperliche Nähe, der Auslöser für das Schreien, gestillt, sekundär kommt es zu einer Nahrungsaufnahme ohne Bedarf.

Der Reiz *Stress durch fehlende körperliche Nähe,* wird mit der Reaktion *Nahrungsaufnahme im Gehirn des Säuglings* vernetzt. Dies ist eine Prägung, die sich möglicherweise später auswirken kann. Als Jugendlicher oder Erwachsener löst dann Sorge, Trauer oder auch Stress das Bedürfnis der Nahrungsaufnahme aus.

Diese Prägung lässt sich nicht immer verhindern, aber wenn man sein Kind zur richtigen Ernährung erzieht, wird sich diese Prägung verändern lassen. Der Grund für die steigende Zahl von übergewichtigen Kindern liegt allerdings nicht allein in dieser Prägung, die übrigens auch für Flaschenkinder gilt.

Vermeidbare Konditionierung bei Kindern

»Wenn du brav gegessen hast, bekommst du einen Nachtisch!« – »Da schau, bekommst einen Lolli, aber hör auf zu weinen!«. Vielleicht denken Sie sich jetzt: »Das gibt es in der heutigen Zeit bestimmt nicht mehr, das weiß man doch, dass man das nicht soll!« Doch ich sage Ihnen: Die Belohnung bzw. Beruhigung mit Essen hat es immer schon gegeben und wird es immer geben. Der Urinstinkt lässt uns auf Essen reagieren, wenn wir es in Aussicht gestellt bekommen. Sprich: Sollen wir eine bestimmte Leistung erbringen, dann gelingt sie eher, oder das Bemühen steigt, wenn man mit Essen belohnt wird. Haustiere werden fast ausschließlich mit Nahrung belohnt. Streicheleinheiten sind sicherlich wirksam, aber zum Erlernen gewisser Verhaltensregeln, Tricks und Kunststücke reagiert das Tier nur deshalb, weil es Fresserchen in Aussicht gestellt bekommt.

Muss man auf seine Eltern, Großeltern oder Kindergartenpädagogen böse sein, weil man nun denkt, dass man ja eigentlich ihnen die falsche Konditionierung zu verdanken hat? Nein, denn sie wussten es ja leider auch nicht besser. Und während früher Süßigkeiten nicht ständig greifbar waren so wie heute, war diese Art der Zuwendung unproblematischer, als sie sich nunmehr darstellt. In unserer Zeit tragen solche Verhaltensmuster zwischen Erwachsenen und Kindern zwar zur Konditionierung bei, aber der Lebensmittelüberfluss macht sie erst zu einem Problem. Dennoch möchte ich Ihnen raten, die oben beschriebene Konditionierung zu vermeiden.

Mit folgenden Klassikern der Konditionierung möchte ich Sie sensibilisieren:

› **Greifen Sie** zwei oder drei Mal nacheinander bei der Kassa im Supermarkt zu einer Süßigkeit, egal aus welchem Motiv, dann werden Sie die nächsten Male schwer zu kämpfen haben, dieses Ritual wieder loszulassen. Bei jedem Einkauf, egal in welchem Supermarkt, müssen Sie zur Kassa und werden dort mit Süßigkeiten konfrontiert. Weil die Supermarktketten diese Verkaufsstrategie nicht ändern werden, da sie ja einwandfrei funktioniert, müssen Sie Ihren Weg aus dieser Reizreaktionskette finden. Die neue Reaktion auf den Trigger Kassa könnte das Ziel sein, nichts zu nehmen. Klingt in der Theorie leichter, als es tatsächlich ist, da in der Praxis bestimmte Motive Sie dazu veranlasst haben, zur Süßigkeit zu greifen. Ihr Kind reagiert natürlich genauso wie Sie. Machen Sie sich daher das Leben nicht unnötig schwer und vermeiden Sie einen solchen Spontankauf für Ihr Kind. Sitzen Sie schon in der Falle, dann gilt es, erzieherisch durchzugreifen und einfach Nein zu sagen.

› **Das Naschverbot**. Nichts ist so reizvoll, wie ein Verbot. In dem Moment, wo ein Verbot verhängt wird, steigt das Interesse um das zig-fache. Denken Sie an Ihre Kindheit! War ein Kind/Jugendlicher frech, hat er etwas angestellt, dann wird natürlich mit ihm geschimpft, er wird gemaßregelt und gerne werden auch Verbote ausgesprochen. Auch wenn Pubertierende sehr trotzig oder apathisch reagieren, so sind ihre Emotionen dennoch durcheinander. Ein Verbot ist dann die emotionale Draufgabe, denn verboten wird meist das, was das Kind besonders schätzt. Deshalb ist ein Naschverbot völlig sinnlos. Alles, was verboten wird, ist umso interessanter. Das Kind war bis dahin vielleicht gar keine Naschkatze, wird aber durch ein Verbot zu einer solchen gemacht. Denn es war immer schon so und es wird auch immer so sein: Alles, was man nicht darf, will man tun. Selbst bei Adam und Eva hat die Versuchung über das Verbot gesiegt. Ernährungsphysiologisch sind Süßigkeiten sehr unbedeutend bis hin zu ungünstig, erlangen jedoch durch ein Verbot ernährungspsychologisch größte Bedeutung und Wirkung.

› **Wenn ich in** Volksschulklassen unterrichte, erzähle ich den Kindern gerne vom Pawlowschen Hund. Nachdem ich die Geschichte fertig erzählt habe, mache ich gerne mit den Kindern einen kleinen Versuch. Ich erkläre ihnen, dass ich nun ein einziges Wort sagen werde, und sie sollen spontan herausrufen, woran sie dabei denken müssen. Ich sage: »Kino!« Was geht ihnen dabei durch den Kopf? War es Popcorn? Zumindest ist es genau das Wort, das alle Kinder gleichzeitig wie aus der Pistole geschossen herausschreien. Ist das jetzt gut oder schlecht? Was denken Sie?

Ernährungsautomatismen im Alltag

Wenn Sie von der Arbeit nach Hause kommen und gewohnheitsmäßig in die Küche gehen, um aus dem Kühlschrank zu naschen – womöglich sofort im Stehen –, dann werden Sie das automatisch weiterhin tun. Wenn Sie sich ein paar wenige Male nach einer anstrengenden Arbeit mit Essen belohnt haben, werden Sie jedes Mal, wenn Sie etwas Anstrengendes geleistet haben, ans Essen denken. Wenn Sie immer dann, wenn Sie auf einem Flughafen sind, zu McDonald's gehen, dann werden Sie auf jedem Flughafen automatisch daran denken, eine Filiale dieser Fast-Food-Kette aufzusuchen. Wenn Ihr Kind beim Lernen nascht, wird es bei jeder Lernsituation an Süßes denken. Wenn Ihr Kind beim Computerspielen isst, wird es bei jeder Computerarbeit zu Essen greifen. Suchen Sie nach Ihren Triggern und versuchen Sie, die Reaktionskette zu durchbrechen, auch wenn es schwerfällt.

Sie können den Reiz nicht verhindern, aber Sie können versuchen, die übliche Reaktion darauf zu verändern. Natürlich wäre es toll, wenn man sich in solchen Situationen einfach wegbeamen könnte. In Wirklichkeit ist Ablenkung das beste Mittel zum Zweck. Aber die Ablenkung muss geplant sein, denn Sie müssen wissen, womit Sie sich ablenken können.

Hier ein paar Möglichkeiten:

- Fotos am Handy durchsuchen
- Einen Lieblingssong anhören
- Gemeinsam mit der Familie musizieren oder singen
- Bewegung
- Zehn Wörter zu einem ganz anderen Thema aufschreiben

Die Physiologie des Frühstücks

Was bedeutet es für die Physiologie, den chemischen Ablauf im Körper, wenn der Tag ohne Frühstück begonnen wird? Der Körper und vor allem das Gehirn sind vom Zucker (Glukose) abhängig, daher muss der Körper, da er ja keinen Zucker (Kohlenhydrate) von außen (durch ein Frühstück) angeboten bekommen hat, auf die körpereigenen Zuckerreserven zurückgreifen. Der Zucker- bzw. Kohlenhydratspeicher in Leber und Muskulatur liegt im Schnitt bei 500 Gramm. Im Vergleich dazu liegt der durchschnittliche Fettspeicher eines erwachsenen Menschen zwischen zehn und 25 Kilogramm. Das physiologische System kann den Fettspeicher in den frühen Morgenstunden nicht nutzen. Viele Menschen lassen jedoch, in der Annahme auf die

Fettreserve zurückgreifen zu können, bewusst das Frühstück weg. Ein großer Irrtum! Lässt man das Frühstück weg, bedeutet das Sparen am falschen Platz! Denn: Wird nicht gefrühstückt, fällt der Blutzuckerspiegel sehr stark ab (Unterzuckerung), und das Hormon Glucagon wird freigesetzt. Glucagon öffnet die körpereigenen Kohlenhydratspeicher, um den Blutzuckerspiegel wieder auszugleichen. Insulin ist der Gegenspieler des Glucagons. Steigt der Blutzuckerspiegel durch eine Mahlzeit an, wird Insulin freigesetzt, um die energie- und sauerstoffverbrauchenden Zellen des Körpers (wie Muskelzellen, Gehirnzellen etc.) für den Zucker zu öffnen. So können die Zellen mit Energie versorgt werden, und der Blutzuckerspiegel sinkt wieder.

Da der Kohlenhydratspeicher mit einer Größe von 500 Gramm – dies entspricht 2000 kcal – sehr eingeschränkt ist, muss das System Körper den Energiehaushalt herunterfahren. Der Energieverbrauch aller inneren Organe, aber auch der Muskulatur wird auf Sparmodus gestellt, um möglichst lang mit dieser Kohlenhydratreserve auszukommen. Ist das System im Keller, kann jede nachfolgende Energieaufnahme nicht mehr so effizient genutzt werden. Meist resultiert daraus ein starker kurzfristiger Blutzuckeranstieg mit hoher Insulinausschüttung, wodurch es im nächsten Moment wiederum zu einem starken Blutzuckerabfall kommt. Heißhunger, ein ungünstiges Essverhalten, sowie eine Veränderung der Körperzusammensetzung zugunsten der Fetteinlagerung resultieren daraus.

»Ich habe noch nie gefrühstückt, und mein Gewicht war immer stabil« oder »Ich habe keinen Hunger. Ich bekomme so früh am Morgen keinen Bissen runter. Außerdem bekomme ich mehr Hunger, sobald ich frühstücke« sind klassische Aussagen von Menschen, die nicht frühstücken. Doch stellen Sie sich einen Eisberg vor, der sich bekanntermaßen versteckt unter Wasser aufbaut. Keiner bekommt die Gefahr mit. Erst wenn der Eisberg so groß ist, dass bereits die Spitze aus dem Wasser ragt, erkennt man das Problem. Unter Umständen kann es da schon zu spät sein. Beim Frühstücken verhält es sich eigentlich genauso: Man frühstückt nicht, und alles scheint in Ordnung zu sein, denn das Gewicht ist stabil. Jahre oder Jahrzehnte später hat man Probleme, sein Gewicht zu halten oder zu korrigieren. Der Körper verändert sich in eine ungewünschte Richtung, obwohl man nichts Gravierendes verändert hat – die Spitze des Eisbergs wird schön langsam sichtbar. Ein Ernährungsfehler kann über viele Jahre hinweg unbemerkt bleiben und macht sich erst zeitverzögert bemerkbar.

Ein gutes Beispiel aus der Ernährung zum noch besseren Verständnis ist Osteoporose. Knochenschwund bzw. brüchige Knochen ist keine Krankheit des hohen Alters, wie es stets gedacht wird. Osteoporose kann sich bereits in jungen Jahren anschleichen. Eine permanente Unterversorgung mit Calcium und Vitamin D, oft in Kombination mit mangelnder Bewegung, führen dazu, dass die höchstmögliche

Knochenmasse, die man bis zum ca. 30. Lebensjahr aufbauen kann, relativ niedrig ist. Nach dem 30. Lebensjahr kommt es auf natürliche Weise zu einem langsamen Abbau der Knochen. Man kann sich vorstellen, dass von einer geringeren Knochenmasse auch nicht so viel abgebaut werden kann, wodurch die Knochen früher brüchig werden. Kurz gesagt: Achtet man nicht frühestmöglich auf eine adäquate Versorgung der Knochen, kann es frühzeitig zu Problemen, sprich Osteoporose kommen. Knochen nachträglich aufzubauen geht leider nicht mehr, aber man kann einen zu raschen Abbau durch eine verbesserte Versorgung und Bewegung zumindest verlangsamen.

Eine Veränderung der Frühstückssituation allerdings wirkt sich sofort positiv aus. Wenn Sie und Ihre Familie von einem Tag auf den anderen mit dem Frühstücken beginnen, so kann es tatsächlich sein, dass Sie, obwohl Sie gegessen haben, mehr Hunger bekommen. Dies können Sie als eine positive Reaktion Ihres Körpers deuten. Er beginnt, sich wieder neu zu regulieren. Ist er zu Beginn noch durcheinander, kommt es bereits nach wenigen Tagen zu einer deutlichen Verbesserung der Situation. Der Körper kann, langsam aber sicher, wieder den Bedarf anzeigen. Vergisst man einmal auf sein Frühstück oder hat aus Zeitmangel darauf verzichtet, reagiert der Körper mit Hunger. Ein großartiges Ergebnis.

ERNÄHRUNGSUMSTELLUNG mit fit10

In den letzten Jahrzehnten hat man gelernt, dass eine Diät ein Ablaufdatum hat. Einfacher gesagt: Die neue Ernährungsweise (Diät) wird beendet, sobald das Wunschgewicht erreicht ist. Bei einer Umstellung der Essgewohnheiten bleibt man dabei, seine Kost dauerhaft zu modifizieren. Mit sinnvollen, einfachen und nachhaltigen Veränderungen in der Ernährung kann man viel erreichen und auch zahlreichen Unwägbarkeiten vorzubeugen: Essstörungen, Depressionen, Stress.

Sobald die Eltern mit fit10 vertraut sind, lernen zugleich auch ihre Kinder ausgewogen zu essen. Kinder verlieren dann Gewicht, wenn sie welches zu verlieren haben – und zwar hauptsächlich Fett und nicht Muskelmasse. Allerdings sind drei Mahlzeiten, wie sie bei fit10 empfohlen werden, für Kinder zu wenig. Sie sollten aber grundsätzlich lernen, wie man sich richtig ernährt, ohne dabei dick zu werden. Daher ist der Begriff Ernährungsumstellung vor allem dann richtig, wenn falsche Ernährungsgewohnheiten bereits vorliegen.

Die 4 Säulen der ausgewogenen Ernährung

Kohlenhydrate

Davon sollte man pro Tag am meisten essen, denn sie sind die idealen Energielieferanten für den Körper. Dunkles Gebäck, Brot, Reis, Kartoffeln, Nudeln & Co. schenken uns Energie und machen außer satt auch noch glücklich. Aus dem üppigen Angebot sollte man klugerweise die richtigen Kohlenhydrate auswählen. wenig Monosaccharide wie in Süßigkeiten, Kuchen, Gebäck aus Weißmehl, Obst etc. und mehr komplexe Kohlenhydrate wie in Vollkorn, Nudeln aus Hartweizen, Reis, Hülsenfrüchten oder Kartoffeln, denn die machen länger satt. Übrigens enthalten Kartoffeln weniger Kohlenhydrate, man muss deshalb beim Mittagessen zu Kartoffelgerichten immer zusätzlich Brot essen, damit die Kohlenhydratzufuhr auch ausreichend ist.

Eiweiß

Der wichtigste Baustoff des Körpers baut nicht nur Muskeln, sondern auch Hormone, Enzyme und das Immunsystem auf. Eiweißlieferanten sind Milchprodukte wie Topfen (Quark), Joghurt, Milch, Käse sowie Fleisch und Fisch. Tofu und Hülsenfrüchte sind reich an pflanzlichem Eiweiß und besonders wichtig für Menschen, die kein tierisches Eiweiß vertragen oder ablehnen. Man kann allerdings bis zu vier Mal pro Woche Fleisch bzw. Fisch essen. Eiweiß darf auch gemischt gegessen werden zum Beispiel Schinken und Käse. Und auch Nüsse sind gute Eiweißquellen.

Fett

Eine fettfreie Ernährung ist nicht empfehlenswert. Die Zellen, fettlösliche Vitamine, aber auch das Immunsystem brauchen Fettsäuren. Fett ist ein wichtiger Geschmacksträger und in vielen Produkten versteckt enthalten (Wurst, Käse, Schokolade etc.). Fett brauchen Sie nicht komplett wegzulassen, denn das Essen soll doch auch schmecken. Wenn man nach der fit10-Methode kocht, kann man jedenfalls etwas Fett zum Anbraten verwenden. Für Salatmarinaden sollte man hochwertige Fette, wie z. B. kalt gepresstes Oliven-, Raps- oder Kürbiskernöl verwenden, denn sie enthalten ungesättigte Fettsäuren, die die Aufnahme fettlöslicher Vitamine wie Vitamin A (u. a. in Karotten enthalten) ermöglichen. Gesättigte Fettsäuren (hauptsächlich in tierischen Lebensmitteln enthalten) verringern das Sättigungsgefühl und steigern den Appetit. Sie sind daher möglichst zu meiden. Verwenden Sie auch ab und zu Sauerrahm (saure Sahne), Obers (Sahne), Crème fraîche oder Ähnliches zum Verfeinern der Speisen.

Vom Umgang mit Fett

Ein Gramm Fett ist ein Gramm Fett, egal ob pflanzlich oder tierisch, der Energiewert liegt stets bei neun Kilokalorien pro Gramm. Daher sollte man auch den Konsum von pflanzlichem Fett in Form von z. B. Nüssen, Kürbiskern- oder Olivenöl nicht übertreiben. Eine fett-normale Ernährung ist umsetzbar und sinnvoll. Die Empfehlung der Ernährungsgesellschaften liegt bei 70 bis 80 Gramm Fett pro Tag. Aber beginnen Sie nun bitte nicht, ihre Fettmenge abzuwiegen. Gehen Sie einfach nur vernünftig damit um. Bevorzugen Sie kaltgepresste Öle für Salate, wobei hier eine Abwechslung der Öle wünschenswert ist. Jedes Pflanzenöl hat ein anderes Muster an Fettsäuren, und durch die Abwechslung nutzt man das breite Spektrum der Fettsäuren sehr gut aus. Besonders wertvolle und auch beliebte Öle sind Olivenöl, Rapsöl, Leinöl, aber auch Sonnenblumenkernöl oder Kürbiskernöl. Maiskeimöl oder Kokosfett zählen zu den minderwertigeren pflanzlichen Fetten.

Ein zu hoher Konsum an sehr fettreichen Fleischstücken wie z. B. Schopfbraten, gemischtes Faschiertes (Hackfleisch), aber auch Würste und Speck sollten, vor allem während fit10 oder der Gewichtsreduktion eher selten verzehrt werden. Verzichten muss man jedoch nicht darauf. Ernährt man sich ausgewogen und regelmäßig, kann der Körper eine kurzfristige hohe Zufuhr gesättigter Fette ausgleichen. Dies gilt auch für die beliebten in Fett gebackenen Speisen (z. B. Wiener Schnitzel, Backhendl etc.).

Vitamine

Gemüse ist ein wichtiger Nährstofflieferant. Jedes Gemüse ist erlaubt, und Sie können Gemüsesorten auch mischen. Ein bis zwei Handvoll Gemüse, gekocht oder roh, sind unverzichtbarer Teil des Mittagessens. Eine Handvoll bedeutet: So viel, wie in eine offene Hand passt. Aber essen Sie sich nicht mit Gemüse satt, sondern mit den Kohlenhydratbeilagen. Würde man sich nur mit Gemüse satt essen, so wäre dies von mechanischer Art, nicht aber von biochemischer. Ballaststoffe quellen auf, verweilen relativ lange im Verdauungssystem, sie liefern aber keine Energie.

MEMO

Der falsche Sattmacher

Ein bildhaftes Beispiel zur Veranschaulichung: Geben sie 500 Gramm Blattspinat in einen Topf, um ihn zu dünsten. Der Topf ist anfangs übervoll, aber nach kürzester Zeit ist der Spinat zusammengefallen, und der Topf ist fast leer. Essen Sie mittags hauptsächlich Gemüse, ist der Magen stark gefüllt und vermittelt Sättigung durch den Druck an der Magenwand, aber der Bedarf an Energie wird nicht ausreichend gedeckt. Das Resultat ist Hunger oder sogar Heißhunger am Nachmittag, der dann meist unkontrollierten Verzehr von unvernünftigen Mengen an Snacks oder Süßigkeiten nach sich zieht.

Obst enthält wertvolle Inhaltsstoffe wie Vitamine und sekundäre Pflanzenstoffe. Obst ist Bestandteil einer vollwertigen Ernährung. Bei fit10 soll es nur zum Frühstück und zu Mittag gegessen werden. Ausnahme ist der wöchentliche Obst-/Gemüsetag.

Sehr beliebt und ein sehr guter Vitaminspender. Aber Hauptmahlzeiten mit Obst zu ersetzen, ist nicht ideal. Obst enthält einfachen Zucker und führt damit zu einem schnellen Blutzuckeranstieg mit nachfolgendem ebenso plötzlichen Blutzuckerabfall. Obst als Nachtisch ist immer ideal.

Besser Obst essen als trinken

Der Genuss von frisch gepressten Obstsäften zu den Mahlzeiten ist ab und zu in Ordnung. Von industriell gefertigten Obstsäften ist abzuraten, auch wenn es sich um Bio-Direktsäfte handelt. Für ein Glas Apfelsaft werden zumindest 15 Äpfel gepresst. Sie sind eine wahre Fruchtzuckerbombe, die den Körper aber mehr überfordert als sie ihm nützt.

MEMO

Es ist aus physiologischen und eigentlich auch psychologischen Gründen besser, Obst und Gemüse zu kauen, anstelle zu trinken: Das Zerkleinern von Obst und Gemüse ist für den Kauapparat wichtig, und das Kauen allein bereitet den Verdauungstrakt viel besser auf die Nahrung vor. Abgesehen davon löst das Kauen auch eine effizientere Freisetzung von Serotonin aus, ein Hormon welches uns zufrieden und auch satt macht. Und nun zum psychologischen Hintergrund: Wenn ich Obst und Gemüse trinke, will ich dennoch ein Kauerlebnis! Und dann isst man noch zusätzlich etwas, oft jedoch nicht das Richtige.

Stellen Sie sich ein kleines traditionelles Kaffeehaus in der Wiener Innenstadt vor. Zwei Kellner sind beschäftigt, um die maximal 20 Gäste zu bedienen. Plötzlich bleibt ein Doppeldecker Touristenbus vor dem Café stehen, und ca. 100 Touristen strömen in dieses liebliche ruhige Kaffeehaus. Die Kellner wissen nicht, wie sie die Touristen platzieren sollen, und sie müssen wohl oder übel alle wieder hinauskomplimentieren. Ähnlich verhält sich die Situation im Darm: Das Smoothie fließt in den Magen, und da das Obst bereits püriert ist, hat der Magen wenig bis nichts zu tun – der Vitaminsaft fließt gleich weiter in den Dünndarm. Und der muss dann ordentlich Gas geben, damit die vielen wichtigen Nährstoffe auch möglichst alle resorbiert (ins Blut abgegeben) werden. Jetzt fährt die Leber hoch, denn alle, wirklich alle Nährstoffe müssen ausnahmslos die Leber passieren. Nur sie entscheidet tatsächlich, was mit all den Vitaminen passieren soll. Und was zu viel ist, muss über die Nieren ausgeschieden werden. Viele Vitamine sind wasserlöslich, können daher nicht gespeichert werden. Fettlösliche und daher speicherfähige Vitamine sollten auch nicht in hohen Dosen konsumiert werden, da eine Überversorgung dieser Vitamine ungünstig ist.

Eier

Eier sind besonders wertvolle Lebensmittel, da sie ein breites Spektrum sehr wichtiger Nährstoffe abdecken. Sie enthalten fast alle Vitamine mit Ausnahme von Vitamin C. Besonders effizient ist die Aufnahme von Vitamin D4 und Vitamin B12, vor allem aber von Eiweiß aus dem Ei. Während Vitamin D für die Knochen eine besondere Bedeutung beigemessen wird, ist Vitamin B12 neben der Zelldifferenzierung und somit auch für das Immunsystem für viele weitere Abläufe im Körper entscheidend. Die Empfehlung des Eikonsums liegt bei drei bis vier Eier pro Woche. Allerdings bei einer ausgewogenen, gesunden Ernährung spielt es überhaupt keine Rolle, sollte der Eikonsum höher sein. Entscheidend dabei ist die Qualität der Eier. Bei regelmäßigem Genuss von Eiern sind Produkte aus biologischer Freilandhaltung empfehlenswert.

fit10 und Convenience

Sie dürfen sich gerne Ihr Leben erleichtern und Convenience Produkte in der Küche verwenden: 10-Minuten-Reis, Tiefkühlprodukte, Kartoffelpüree etc. von guter Qualität. Bessern Sie sie nach Geschmack mit frischem Obst und Gemüse auf.

Vitamin-D-Mangel

Durch eine sitzende Tätigkeit in Büroräumlichkeiten oder durch lange Schultage ist die Sonnenexposition, vor allem ab den Herbstmonaten, sehr eingeschränkt. Damit ist auch die körpereigene Produktion von Vitamin D reduziert, das eine wesentliche Rolle bei der Regulierung des Kalziumspiegels im Blut und beim Knochenaufbau spielt. Außerdem wird Vitamin D immer mehr Bedeutung im allgemeinen Hormonhaushalt zugedacht. Ein Vitamin-D-Mangel führt mittelfristig bei Kindern zu Rachitis (Knochenverformung) und bei Erwachsenen zu Osteomalazie (Knochenerweichung). Anhand eines Blutbefundes lässt sich feststellen, ob ein Mangel vorliegt. Ist dieser bestätigt, ist eine vom Arzt verordnete Vitamin-D-Supplementierung, also eine medikamentöse Gabe zumindest über die Wintermonate sinnvoll. Allein über die Ernährung ist ein Mangel schwer behebbar. Lebertran, Lachs, Avocado und Eidotter zählen zu den besten Vitamin-D-Quellen.

Die praktische Umsetzung ist wichtig

Wenn man gleich zu Beginn einer Ernährungsumstellung zu viel an seinen Essgewohnheiten ändern muss, dann hält die Motivation meist nicht lange an. Bei der Ernährung nach der fit10-Methode darf man vieles, in der ganzen Familie Beliebtes essen: Nudeln, Knödel, Brot. Sogar naschen darf man! Auf die Mengen kommt es an. Und auf die Pausen zwischen den Mahlzeiten.

Viele meiner Klientinnen und Klienten haben mich gleich zu Beginn nach Rezepten gefragt, nach Menüvorschlägen. Ich habe dann zu bedenken gegeben, dass es erst einmal wichtig ist, nach den gewohnten Rezepten zu kochen. Denn an vorderster Stelle steht bei der Ernährungsumstellung nach fit10 der richtige Zeitpunkt der Nahrungsaufnahme sowie die ausreichenden Mengen zu den entsprechenden Mahlzeiten. Es ist wichtig, dass eine Ernährungsumstellung so erfolgt, dass sie auch auf Dauer umsetzbar ist. Wenn man die ersten Schritte geschafft und Sicherheit gewonnen hat, dann kann man kreativ werden, eigene Rezepte erfinden, neue Zutaten ausprobieren, die gut zur Methode und zum eigenen Geschmack passen.

fit10 – der Plan, das Ziel

Die fit10-Methode gliedert sich in drei Abschnitte: drei Wochen, vier Wochen und drei Wochen. Im ersten Teil isst man zu jeder Mahlzeit Kohlenhydrate, im zweiten Teil fallen sie abends weg und kommen im dritten Teil langsam wieder dazu. In den ersten drei Wochen gibt es zum Frühstück keine Butter oder Margarine, keine Konfitüren, Marmeladen oder Honig. Auch süße Speisen stehen kurzfristig nicht auf dem Speiseplan. Im zweiten Teil dürfen Sie wieder zu Butter und auch zu Süßem greifen. Ab Teil 2 gilt es Zusatzaufgaben wie z. B. einen Obst- und Gemüsetag pro Woche einzuhalten, ab Teil 3 ein leichtes Eiweiß-Abendessen. In diesen zehn Wochen werden Sie mit köstlichen Gerichten und Lust am Essen sanft zu einer vernünftigen Ernährung hingeführt. Deshalb fällt es auch leicht, das Erlernte beizubehalten und weiter vernünftig zu essen. Weil man sich in seinem Körper wieder wohlfühlt und dieses Gefühl erhalten möchte. Der gefürchtete Jo-Jo-Effekt bleibt aus.

Damit das gelingt, gibt es einen ausgeklügelten Plan, der auf die Stoffwechselvorgänge im Tagesablauf Rücksicht nimmt. Es ist entscheidend, die richtigen Mengen zur richtigen Zeit zu essen und die Pausen zwischen den Mahlzeiten einzuhalten. So bringen Sie Ihren Körper dazu, gespeicherte Energievorräte (Fett) zu mobilisieren und abzubauen.

Bei der fit10-Methode ist die Menge an Kohlenhydraten, die Sie zu sich nehmen, wichtig. Denn erst mit der optimalen Portion Nudeln, Reis, Kartoffeln oder Brot verlieren Sie Gewicht. Allerdings reichen Kohlenhydrate alleine nicht aus. Auch Eiweiß, Fett und Vitamine dürfen nicht fehlen und spielen eine Rolle in einer ausgewogenen Ernährung.

Wichtig sind auch die Veränderungen der Ernährung, die man in den einzelnen Phasen kennenlernt (u. a. Obst-Gemüse-Tag, Dinner light etc.). So erfährt der Stoffwechsel immer wieder neue Reize, und einer Anpassung und somit Stagnation der Gewichtsreduktion kann entgegengewirkt werden.

Die Grundlagen von fit10 im Überblick

Das Frühstück

Das Frühstück soll spätestens eineinhalb bis zwei Stunden nach dem Aufstehen eingenommen werden und ausreichend Kohlenhydrate enthalten – diese Energiezufuhr kurbelt die erwünschte Fettverbrennung an. Man frühstückt in den drei Abschnitten der fit10-Methode etwas unterschiedlich, auch damit es nicht langweilig wird und der Körper nicht in Routine verfallen kann. Dann folgen vier bis sechs Stunden Pause zwischen Frühstück und Mittagessen. Das betrifft aber nur Erwachsene, **Kinder brauchen vormittags eine Zwischenmahlzeit.** Die Pause dient dazu, nicht in die Hungerphase zu kommen. Denn dann würde die nächste Mahlzeit sofort wieder auf Reserve gelegt, die sich als unerwünschte Fettpolster manifestierten. Während der Pause viel trinken: ungesüßten Tee, Wasser und Mineralwasser. Wenn man es gar nicht aushält, darf man ein paar wenige Nüsse oder auch Sonnenblumen- oder Kürbiskerne essen.

Das Mittagessen

Diese Mahlzeit besteht aus Kohlenhydraten, Fett und Eiweiß. Dazu isst man immer Gemüse oder Salat. Machen Sie die Kohlenhydratbeilage zur Hauptsache: Nudeln, Knödel, Reis, Kartoffeln – so wie wir es eigentlich lieben. Essen Sie weniger Fleisch oder Fisch. Fett ist oft versteckt in den Zutaten erhalten, es darf aber auch zum Beispiel zum Anbraten oder in Salatmarinaden verwendet werden. Mehr Informationen finden Sie im Kapitel Mittagessen (S. 75). Danach folgt wieder eine vier- bis sechsstündige Pause. Wie in der Vormittagspause: Trinken nicht vergessen! **Dies betrifft nicht Ihr Kind.** Hat ihr Kind nachmittags keinen Hunger und findet die Abendmahlzeit ca. fünf Stunden nach dem Mittagessen statt, dann kann Ihr Kind die Jause aussetzen. Snackmöglichkeiten finden Sie auf Seite 101.

Das Abendessen

Was zu dieser Mahlzeit gegessen wird, ändert sich in den drei Abschnitten von fit10. Einmal mit Kohlenhydraten, einmal ohne, aber immer mit Eiweiß. **Kinder sollten meist auch abends Kohlenhydrate essen.** Ausnahmen finden Sie im Kapitel Abendessen (S. 113). Der Zeitpunkt der Abendmahlzeit ergibt sich aus dem Rhythmus der anderen Mahlzeiten und den Pausen, sollte aber bestmöglich zwei Stunden vor dem Schlafengehen stattfinden.

Zusätzliche Reize

Nach den ersten drei Wochen kommt der Obst-Gemüse-Tag hinzu, den man allerdings nur einmal pro Woche umsetzt und auch nur dann, wenn er einem bekommt. An diesem Tag werden fünf Mahlzeiten mit Obst und Gemüse in jeglicher Form und Zubereitungsart zusammengestellt. Mit einem üblichen Frühstück kann man diesen Fasttag etwas entschärfen. Der Obst-Gemüse-Tag ist für Kinder nicht notwendig.

In der letzten Phase kommt einmal pro Woche ein **Dinner light** hinzu. Hierbei isst man als letzte Mahlzeit ausschließlich eine kleine und leichte Eiweißquelle (Joghurt, Milchprodukte), um dem Körper für die Nacht noch ausreichend Eiweiß anzubieten, aber den Verdauungstrakt dennoch zu schonen. Ein positiver Effekt auf die Produktion der Wachstumshormone und in weiterer Folge auf die Fettverbrennung sowie Regeneration soll dadurch erzielt werden. Würde man allerdings täglich auf dieses Dinner light zurückgreifen oder an diesen Abenden noch viel Sport treiben, ginge der positive Effekt verloren.

Ist Ihr Kind über acht Jahre alt, darf es ab und zu ein Dinner light einlegen. Allerdings ist es besonders wichtig, dass alle anderen Mahlzeiten optimal zusammengestellt werden. Darauf gehe ich später ein.

Ist die Versorgung generell ungünstig, dann sind sowohl der Obst-Gemüse-Tag, wie auch das Dinner light nicht sinnvoll. Diese beiden Ernährungsmaßnahmen können den Stoffwechsel und die Gewichtsreduktion unterstützen und dienen nicht als Ausgleich für Tage falscher Ernährung.

fit10 – mein Selbstversuch

Viele Menschen, die mich kennenlernen, möchten sehr oft wissen, wie ich mich eigentlich selbst ernähre. Die Antwort ist sehr einfach: grundsätzlich esse ich nach fit10, also regelmäßig ausgewogene Mahlzeiten. Allerdings muss man die Portionsgrößen beim Gewichthalten nicht so genau nehmen, und Zwischenmahlzeiten sind ab und zu auch erlaubt. Aber natürlich begehe ich auch gern die eine oder andere Sünde in Form von Schokolade oder anderen Süßigkeiten. Im Sommer 2013 beschloss ich, für meine Facebook-Seite fit10 einen Selbstversuch zu unternehmen, um ihn täglich auf Facebook zu dokumentieren. Einerseits war eine Gewichtsreduktion durchaus auch bei mir selbst sinnvoll (um den Restspeck meiner Schwangerschaften und den Stillzeiten loszuwerden), und andererseits fand ich es sehr wertvoll, mich selbst einmal genau an fit10 zu halten, um mit meinen Klienten noch besser mitfühlen und mitreden zu können.

Der Erfolg war wirklich sensationell. Ich verlor in sieben Wochen tatsächlich sieben Kilogramm. Die letzten Wochen von fit10 waren meine Familie und ich auf

Reisen, und so war die letzte Phase nicht mehr so genau umsetzbar. Aber aufgrund des bereits erreichten Erfolges auch nicht weiter notwendig.

Ich erinnere mich sehr gut an die ersten Tage. Frühstück und Mittagessen waren sehr ausreichend und sättigend. Auch wenn ich davor die Mengen schon testweise das eine oder andere Mal abgewogen hatte, so war ich dennoch über die Größe der für mich errechneten Portionen sehr überrascht. Das Abendessen war zwar optisch wenig, aber ausreichend. Grundsätzlich war alles gut und einfach umsetzbar. Sogar die ersten drei Wochen ohne Süßigkeiten schaffte ich als bekennende Naschkatze ganz gut. Ich bereitete Obstsalate und auch Früchteeis zu (Früchte pürieren, portionieren, einfrieren, fertig), um meinen Gusto auf Süßes zu befriedigen. Ich brauchte zeitweise eine gute Planung, vor allem wenn ich mittags nicht zu Hause war. Aber eigentlich musste ich ja auch davor schon immer darauf achten, an intensiven Arbeitstagen gut versorgt zu sein. Ich kochte für mich und meine Familie die üblichen Speisen, der Lebensmitteleinkauf blieb unverändert. Ich fühlte mich sehr zufrieden und fit.

Es wäre gelogen, würde ich behaupten, nie Hunger gehabt zu haben. Aber das war selten und keine Qual. Ich hatte den Eindruck, dass ich während fit10 auch besonders kreativ wurde. Die Kohlenhydrate abends wegzulassen, fordert etwas mehr Ideenreichtum. Aber da ich keine allzu großen Ansprüche stelle, war ich auch mit einem Gemüseallerlei (grob geschnitten, gewürzt und in Olivenöl angebraten) sowie einer kalten Joghurt-Hüttenkäsesauce (gewürzt mit Knoblauch, Salz und was mein Kräutergarten so hergab) sehr zufrieden und satt. Mozzarella mit Tomaten oder auch Reste von Mittag, jedoch ohne Kohlenhydratbeilage, ließen mich auch diese Abende problemlos umsetzen.

Der erste Obst-Gemüse-Tag war eine kleine Herausforderung, doch mit einer guten Auswahl an Gemüse und Obst kein Problem. Der Mahlzeitenrhythmus war und ist aufgrund meiner Familiensituation und meines Berufs für mich schon vor fit10 selbstverständlich gewesen.

Wenn Sie genauere Informationen zu meinem Selbstversuch nachlesen möchten, finden Sie mehr unter **www.fit10.at** oder auf meiner **Facebook-Seite fit10**.

Von Essstörungen bis Kuraufenthalten – was schiefläuft in unserer Wahrnehmung

Was bedeutet Essstörung? Sobald man sich nur ein einziges Mal auf das Thema Abnehmen einlässt und eine Diät ausprobiert, ist man tatsächlich schon für sein Leben geprägt. Die Erfahrung des Verzichts, des Verlusts in Kombination mit der Euphorie der Gewichtsreduktion, die daraus resultiert, prägt sich ein. Bulimie und Magersucht sind heutzutage nicht nur sehr weit verbreitet, sie gelten in Fachkreisen leider auch als unheilbar. Sprich: Kippt man in diese Essstörungen erst einmal hinein, bleiben sie eine lebenslange Geißel, mit der man mehr schlecht als recht zurande kommt. Allerdings sind solche Essstörungen oftmals auf schwere seelische Belastungen zurückzuführen. Wer sich zu viele Gedanken rund ums Essen macht, oft ein schlechtes Gewissen beim Essen und Angst vor Feiern wegen der Festtafel hat, der ist mehr oder weniger in einer Essstörung angekommen.

Kinder, die auf Abnehmcamps geschickt werden, sind geprägt für ihr Leben und werden dieses Thema vermutlich wie einen dunklen Schatten stets mit sich herumtragen. Ein Klient hat mir einmal erzählt, dass er als Jugendlicher auf Abnehmcamps geschickt wurde, was für ihn die schlimmste Erfahrung seines Lebens war. Er erzählte, dass es für ihn besonders peinlich war, mit seinen Leidensgenossen schwimmen zu gehen. Nicht, weil er selbst übergewichtig war, sondern weil sie in einer Gruppe von zwölf Übergewichtigen im Schwimmbad auftraten und gerade dadurch alle Blicke auf sich zogen.

Abnehmcamps können tatsächlich zu einer positiven Veränderung führen, allerdings nur kurzfristig: Man ist und isst unter Gleichgesinnten. Es wird das Thema Essen und Bewegung spielerisch und lustig aufbereitet. Der Lebensalltag – und vor allem der Schulalltag – ist viele Kilometer entfernt. Doch irgendwann gibt es eine Heimkehr, und auch wieder den üblichen Schulstress. Drei Wochen Abnehmcamp oder auch drei Wochen Kuraufenthalt für Erwachsene, um abzunehmen, können nur sehr selten nachhaltig die Ernährung und das Verhalten beeinflussen. Denn es ist relativ leicht, in einem ungewohnten Umfeld Veränderungen vorzunehmen, aber es ist sehr schwer, diese Veränderungen in seinem Alltagstrott aufrechtzuerhalten. Typische Alltagsprobleme und damit alte Verhaltensmuster brechen durch, und ein Rückfall ist vorprogrammiert.

Abnehmformate im Fernsehen sind überaus beliebt, einerseits da unglaublich viele Menschen ein Gewichtsproblem haben und sich mit den Sendungsinhalten identifizieren können, und andererseits sind die Erfolge der Teilnehmer tatsächlich teilweise phantastisch. Aber auch der Aufwand, der hier betrieben wir, ist phantastisch. Kein Mensch kann ihn zu Hause mit seiner Familie nachvollziehen! Schon allein die Sporteinheiten könnte man sich sowohl finanziell wie auch zeitlich nicht leisten. Natürlich ist es hilfreich, einen persönlichen Trainer zu haben, der einen bei jeder Trainingsstunde pusht oder besser gesagt erst zum Trainieren motiviert. Aber was kostet eine solche Einheit? Wenn man Familie hat und für sich selbst solche Speisen zubereiten muss, wie sie gezeigt werden, dann wird der Aufwand noch einmal größer. All das ist in einem normalen Leben absolut unmöglich und nicht realisierbar. Abgesehen davon ist ein Teilnehmer eines solchen Formates besonders motiviert, will man doch den Zusehern vor den Bildschirmen beweisen, dass man Durchhaltevermögen hat. Zusätzlich motiviert eine große Siegerprämie. Schließlich versteht es das Fernsehen mittlerweile sehr gut, Geld aus dem Gewichtsproblem vieler Menschen zu machen.

Falsches Körperbild

Zu den klassischen Essstörungen zählen auch Veränderungen der Körperwahrnehmung. Während die einen glauben, zu dick zu sein, glauben die anderen, zu dünn zu sein. Die Körperwahrnehmung ist in der heutigen Gesellschaft komplett verdreht. Leider macht dieses Phänomen auch vor unseren Kindern nicht Halt. Daher ist besonders darauf zu achten, das Thema Körpergewicht und Ihre Sorgen um Ihre eigene Figur nicht vor Ihrem Kind oder womöglich mit ihm zu besprechen. Wenn Ihr Kind mit Ihrer körperlichen Unzufriedenheit groß wird, ist es für das Kind ganz normal, auch mit dem eigenen Körper nicht zufrieden zu sein. Vermitteln Sie Ihrem Kind jedoch Selbstvertrauen und Selbstwertschätzung, geht es auch mit sich selbst anders um. Abgesehen davon, wird dann Abnehmen auch kein besonderes Thema sein.

Kennen Sie das? Sie schauen sich ältere Fotos von sich selbst an und denken: »Mein Gott, da war ich ja schlank! Und da wollte ich schon abnehmen? Wie dumm ich war!« Ja, stimmt, denn damals haben Sie damit begonnen – warum auch immer – sich bereits falsch einzuschätzen und demnach auch falsch zu verhalten. Jetzt wären Sie womöglich glücklich, so auszusehen wie damals. Aber zu diesem Zeitpunkt wussten Sie es nicht zu schätzen, waren sich selbst gegenüber unverschämt und wollten noch besser aussehen. Sie haben begonnen, Ihr Essverhalten und auch die Einstellung zum Essen zu verändern. Leider!

Die Mitte finden

Man sollte lernen, die Mitte zu finden und das ewige Ganz-oder-gar-nicht ein für alle Mal zu vergessen. Viele Menschen, die ihre Ernährung ändern möchten, stellen ihren Einkauf und auch ihre Lebensweise radikal um. Es werden nur noch biologisches Obst und Gemüse, Vollkornprodukte und wenig Fleisch gekauft. Der Wechsel zur vegetarischen oder sogar veganen Lebensweise ist kurzfristig sehr beliebt. Diese Personen fallen von einem Extrem ins andere. Es gibt keinen sogenannten Mittelweg mehr. Entweder ungesund und gedankenlos oder supergesund und nur noch diesen Gedanken als einzigen im Kopf.

Wenn man eine Unverträglichkeit nicht mehr verträgt

Bis vor Kurzem war es für viele Menschen sehr interessant, sich gegen Unverträglichkeiten austesten zu lassen. Während Beschwerden im Verdauungssystem, Hautprobleme oder andere Symptome eine Austestung von Unverträglichkeiten sinnvoll machen, boten zahlreiche Labors, Institute und auch selbsternannte Alternativmediziner oder Energetiker diverse Untersuchungen an, um Gewichtsprobleme in den Griff zu bekommen. Es wurden umfangreiche Auswertungen gemacht und Befunde erstellt, die für Laien nicht immer verständlich waren. Unendlich lange Verbotslisten von Lebensmitteln waren die Quintessenz dieser Tests. Sämtliche Vorratskammern wurden komplett umgedreht, Rezepte verändert und nur noch nach einer vorgegebenen Liste eingekauft und gegessen. Stress mit den übrigen Familienmitgliedern und ein enormer Zeitaufwand führten oft zur Resignation. Die Zeiten der Unverträglichkeiten haben dem Lebensmittelmarkt neben heißlaufenden Telefonen, neue Produktlinien beschert: Von laktosefrei über glutenfrei bis zu hefefrei oder was auch immer – und für die Gastronomie gibt's die Allergenverordnung.

Bis zum jetzigen Zeitpunkt gibt es nach wie vor keinen Zusammenhang zwischen Unverträglichkeiten und stagnierender Gewichtsabnahme. Findet eine Reduktion des Körpergewichts dennoch durch Weglassen gewisser Lebensmittel statt, dann liegt es meist an einer generell veränderten Ernährungsweise. Dies ist auch der Grund für eine anfängliche Abnahme während der Trennkost.

Vom motivierten Durchstarten zum deprimierten Aufgeben

»Ich mache eine Ernährungsumstellung! Ab sofort esse ich keine Schokolade mehr, ich werde Gemüse und Obst essen, keine Kohlenhydrate …« Die Motivation ist anfangs so groß und die eigene Überzeugungskraft so enorm, dass die Euphorie und damit der Hormonhaushalt ein Durchhalten gewährleisten. Der Hunger feuert zu Beginn noch zusätzlich an, da er ja auch zeigt, dass man auf dem richtigen Weg ist. Die Blähungen von der vielen Rohkost nimmt man in Kauf. Nach wenigen Tagen der Umstellung ist der Kitzel des Neuen vorbei, die Euphorie schwindet, aber man bleibt hartnäckig, zumindest versucht man es. Weiterhin isst man Salat zu Mittag, eventuell Käse dazu, lässt das Brot weg. Aber irgendwann kommt der Tag X, und man isst am Nachmittag eine Schokolade. Irgendwann kann man nicht mehr durchhalten, der Körper zeigt ein Defizit in Form von Heißhunger an, und der Körper siegt über den Geist. Der Geist wäre ja willig, doch das Fleisch ist schwach!

Mittlerweile machen viele Menschen das Thema Ernährung zu ihrem Imagethema. Schafft es ein deutscher übergewichtiger Choreograph aus der Fernsehlandschaft, sein Gewicht zu reduzieren, vermarktet er sofort seine persönlichen Erfahrungen inklusive Abnehmprogramm, das er erfolgreich kommerzialisiert. Köche, die sich früher Gedanken um den Genuss der Menschen machten, schreiben nun Diätbücher und Ernährungsratgeber. Einige Ärzte sind schon längst auf den gewinnbringenden Ernährungszug aufgesprungen. Deren Methoden sind aus meiner Sicht mit dem hippokratischen Eid nicht mehr vereinbar: Schwangerschaftshormone werden verabreicht, Schilddrüsen in Überfunktion gespritzt, Eiweißshakes verkauft! Schauspieler, Models und viele andere Prominente versuchen, ihre persönlichen Erfahrungen zu Geld zu machen. Es scheint fast so, als würden sie es darauf anlegen zuzunehmen, um dann über ihren Abnehmerfolg berichten zu können. Journalisten schreiben gerne über Gewichtsschwankungen der Stars, denn die werden auch gerne gelesen oder im Fernsehen gezeigt. Und wenn der Star dann wieder abmagert, bringt es ihm Schlagzeilen. Da gibt es Buchtitel von »Endlich schlank, ich habe es geschafft« bis hin zu »Na und, ich steh zu meinen Kilos!«, allerdings von ein und demselben Autor. Während diese sogenannten Experten sehr fahrlässig mit dem Thema umgehen und Empfehlungen zur Gewichtsreduktion abgeben, die die Gesundheit und auch die Psyche gefährden könnten, sind andere Autoren Lichtjahre von der Realität entfernt.

Das Problem ist der verlorengegangene Mittelweg. Nur noch Exrreme boomen und scheinen interessant genug zu sein. Aber dabei wird einerseits die dauerhafte Umsetzbarkeit im Alltag nicht berücksichtigt, und andererseits scheint man zu vergessen, dass wir nicht nur essen, um abzunehmen, sondern um den Körper mit Nährstoffen und Energie zu versorgen. Leider haben alle diese Programme die Menschen bereits derart auf die falsche Spur geführt, dass nur mehr hartknäckig konsequent und engagiert ein bestimmtes Programm absolviert wird. Ohne nachzudenken. Doch vergisst man auf nachhaltige Ernährung und züchtet stattdessen den Ernährungswahnsinn. Aber das scheint nicht weiter schlimm zu sein, die nächste neue Diät wird mit Sicherheit gerade erfunden.

Wie konnte nur ein so lebensnotwendiges und selbstverständliches Thema so unglaublich verkompliziert werden? Wie konnte es passieren, dass die Bedeutung der Ernährung derart verloren gegangen ist?

Von Kalorienzählern, Nährstofftabellen und Abnehm-Apps

Immer wieder möchten mir Klienten ihre Ernährung dokumentieren. Sie schreiben mir dann wochenlang täglich auf, was sie wann gegessen haben. Natürlich kontrolliere ich die Protokolle, und wenn mir Fehler auffallen, werden sie besprochen.

Aber eigentlich verlange ich keine Protokolle. Ganz im Gegenteil ich lehne sie ab. Hierfür habe ich eine ganz einfache Erklärung: Solange man alles aufschreibt und sich dadurch intensiv damit befasst, macht man nach bestem Wissen und Gewissen alles richtig. Doch einerseits wird schon allein durch das Aufschreiben das Ernährungsverhalten beeinflusst (kann natürlich auch ein Vorteil sein), und andererseits macht man sich davon abhängig.

Solange man aufschreibt, fühlt man sich sehr brav und konsequent. Jedoch beendet man diese Dokumentation, aus welchen Gründen auch immer, bekommt man das Gefühl, nichts mehr unter Kontrolle zu haben, und es wird das Essverhalten wiederum verändert.

Das Gleiche gilt für die unzähligen kostenlosen Apps zum Kalorienzählen. Ich denke, dass viele Abnehmwillige sich deshalb so viel damit befassen und fleißig in ihr Handy tippen, weil sie dadurch das Gefühl bekommen, sehr brav zu sein, auch wenn es nicht ganz so ist. Man kann sich auch selbst austricksen und tippt nur die halbe Wahrheit ein. Doch es geht in Wirklichkeit nicht ums Kalorienzählen, sondern um das rechtzeitige und regelmäßige Essen. Diese Information bekomme ich aber leider nicht von einer App! Das Kalorienzählen hat, bis auf die Tatsache, dass viele Menschen lebendige Kalorientabellen wurden, noch nie langfristig etwas verändert. Die neue Mode, sich von teilweise sehr witzigen Apps vorgeben zu lassen, wie viel man schon gegessen hat und noch essen darf, führt dazu, dass keiner von uns den richtigen Weg zurück zur Normalität findet. Hier wurde bloß wieder ein Weg gefunden, aus dem Übergewichtsproblem und dem Diätwahn Profit zu schlagen.

Wenn Verdauen Beschwerden macht

Gastritis und Refluxösophagitis

Stress ist oft Auslöser für Verdauungsprobleme und Gastritis. Und leider sind auch schon unsere Kinder immer mehr davon betroffen. Schulstress, Mobbing und viele andere Komponenten setzen unseren Kindern immer mehr zu und wirken sich auf ihre Ernährungsgewohnheiten aus. Hat man viel Stress, neigt man einerseits zu einer unregelmäßigen, unausgewogene Ernährung, andererseits lernt man durch den Zeitdruck unzureichend zu kauen. Dies kann in weiterer Folge zu einer erhöhten Magensaftfreisetzung und Reizung der Magenschleimhaut (Gastritis) führen. Auch ein Reflux, besser als Sodbrennen bekannt, sowie eine daraus folgende Entzündung der Speiseröhre (Refluxösophagitis) können daraus resultieren. Anzeichen wie permanentes Kratzen im Hals oder auch ein unangenehmes Druckgefühl im Magen sollten ernst genommen werden. Häufig wirkt sich eine Überlastung des Verdauungssystems auch auf das Hautbild aus. Gerade Jugendliche, die durch die hormonellen Veränderungen zu unreiner Haut neigen, bekommen oft ein noch schlechteres Hautbild. Allerdings gibt es neben Stress auch andere mögliche Gründe für das Auftreten von Gastritis und Sodbrennen: Veranlagung, Medikamente, pathologische Veränderung der Magenschleimhäute etc. Deshalb und bei andauernden Beschwerden muss ein Arzt konsultiert werden.

MEMO

Was tun bei Gastritis?

Durch einfache Ernährungstipps kann man den Magen wieder beruhigen.

- keine **Vollkornprodukte** (wenn, dann nur besonders fein vermahlen)
- keine Rohkost, nur gekochtes **Gemüse**
- **Obst** schälen und abends meiden
- besonders gut **kauen**, vor allem Fleisch
- den **Fleischkonsum reduzieren** (max. drei bis vier Mal pro Woche)
- **Hülsenfrüchte** (Linsen und Bohnen) stark **reduzieren** bzw. meiden
- **keine** fettreichen **Milchprodukte**
- **Kartoffeln** wirken neutralisierend
- zum Essen ausreichend **trinken**, um den Verdauungssaft zu verdünnen
- Bei Sodbrennen: etwas **aufrechter schlafen**, um die Schwerkraft zu nutzen
- **Alkohol** und **Zucker** stark **reduzieren** bzw. meiden

Obstipation und Flatulenz

Besser bekannt sind diese Begriffe unter den Namen Verstopfung und Blähungen. Sehr viele Menschen sind von diesen Beschwerden betroffen. Die möglichen Gründe dafür können unzureichende Flüssigkeitszufuhr, ballaststoffarme Ernährung, aber auch zu ballaststoffreiche Ernährung mit gleichzeitig zu niedriger Flüssigkeitszufuhr sein. Wenn zu große Abstände zwischen den Mahlzeiten liegen, ist das oft ebenfalls ein Grund für Obstipation und Flatulenz, und auch unregelmäßige und unausgewogene Ernährung, einseitige Diäten, Unverträglichkeiten, ein zu hoher Zuckerkonsum oder ein fehlgeleiteter Hormonhaushalt können dafür ausschlaggebend sein.

Durch das Erkennen der möglichen Ursache und einer entsprechenden Veränderung der dafür verantwortlichen Gründe kann es rasch zu einer Verbesserung der Beschwerden kommen. Auch können die zuvor genannten Tipps betreffend Gastritis nützlich sein. Von Laxantien (Abführmittel) ist so lange wie möglich abzusehen. Sie bekämpfen damit nicht die Ursache, sondern nur die Symptomatik. Kinder und Jugendliche sollten keinerlei apothekenpflichtige Hilfsmittel verwenden. Grundsätzlich gilt es, die Ursache zu finden, um die Symptome mit der Veränderung der Ursache zu bekämpfen.

Von Verstopfung spricht man, wenn man tatsächlich länger als fünf bis sieben Tage keinen Stuhlgang hatte. Ist die Darmentlehrung nur alle zwei bis drei Tage möglich, handelt es sich noch nicht um Verstopfung.

MEMO

Was tun bei Verstopfung und Blähungen?

- 1 Glas lauwarmes Wasser mit 1 Esslöffel Apfelessig zum Frühstück trinken
- 1 Glas lauwarmes Wasser mit 1 TL Leinsamen oder Flohsamen zum Frühstück trinken
- Trockenfrüchte (Dörrzwetschken) auf nüchternen Magen
- Topinambur in Pulverform: ½ Teelöffel in Joghurt oder Wasser einrühren und zum Frühstück trinken

Stress

Gesunder Stress kann förderlich sein. Allerdings ist es letztendlich egal, welche Form von Stress man hat, man darf nur nicht aufs regelmäßige Essen vergessen. Denn sonst bekommt der Körper noch zusätzlichen Stress. Hat man viel zu tun, viele Termine, Zeitdruck und psychischen Druck, dann ist es umso wichtiger, auf die Nahrungsaufnahme zu achten, um die Biochemie des Gehirns zu unterstützen und Depressionen abzuwehren. Das betrifft nicht nur Erwachsene, sondern auch Kinder.

Stress kann biochemisch ein falsches Essverhalten auslösen, denn er führt im Körper zur Freisetzung des Hormons Cortisol. Dieses steht im Konkurrenzkampf mit Serotonin, einem Hormon, das uns ausgeglichen und zufrieden stimmt. Beide Hormone brauchen zur Bildung eine bestimmte Aminosäure namens Tryptophan. Unter Stress verliert Serotonin regelmäßig den Kampf gegen Cortisol mit der Konsequenz, dass wir uns nach der stressigen Zeit unwohl und unausgewogen fühlen. Oft resultiert daraus eine Heißhungerattacke. Einerseits weil durch den Stress keine Zeit zum Essen war, und andererseits weil der Blutzuckerspiegel im Keller ist. Abgesehen davon, fehlt das Glückshormon Serotonin. Ein Serotoninmangel führt häufig zu Depressionen. Der Griff zu Junk Food und Süßigkeiten ist gängig, aber ungünstig, da beides die Situation nur kurzfristig lindert, langfristig hingegen der Heißhunger und letzten Endes der Frust zunehmen. Sprichwörtlich beißt sich die Katze in den Schwanz. Was kann man dagegen tun? Im Stress gilt Eiweiß vor Kohlenhydrate bzw. Joghurt vor Schokoladekeks. Haben Sie oder Ihr Kind so viel zu tun, dass keine Zeit für eine vollwertige Mahlzeit bleibt, dann versuchen Sie zumindest Joghurt, Buttermilch, Milch oder gerne auch ein Stück Käse zwischendurch zu essen. Idealerweise essen Sie ein Stück Brot oder auch Knäckebrot dazu (kann man gut im Büro oder in der Handtasche aufbewahren). Das Eiweiß aus dem Milchprodukt (im Übrigen gerne auch Sojaprodukte) hilft bei der Produktion von Serotonin, und die Kohlenhydrate aus dem Brot unterstützen den Blutzuckerspiegel.

Achten Sie darauf, dass Sie nicht zu lange nichts essen (siehe auch Kapitel Mittagessen S. 75), denn wird das Hungergefühl übergangen, wirkt sich dies nachträglich wiederum ungünstig auf die Biochemie des Gehirns und somit auf die Stimmung aus. Versuchen Sie daher, zumindest nach spätestens fünf bis sechs Stunden nach der letzten Nahrungsaufnahme wieder etwas zu essen. Der Klassiker ist Studentenfutter. Die Kombination aus Nüssen und getrockneten Früchten schafft vorübergehend ein ernährungsphysiologisches Gleichgewicht. Außerdem kann man es gut im Büro oder in der Handtasche, im Rucksack aufbewahren. Allerdings sollte man die Menge gut kontrollieren. **Halten Sie nicht das erschöpfte System permanent mit Energydrinks oder mit sehr hohem Kaffeekonsum künstlich hoch, sondern nehmen Sie sich Zeit zum Essen!**

Burn-out: Wenn Stress krank und dick macht

Die Überlastung, sowohl beruflich oder schulisch wie auch privat, ist heutzutage oft enorm. Und dann auch noch die regelmäßige Nahrungsaufnahme aus Zeitmangel einzuschränken, ist fatal für Körper und Geist. Wer für seine Verhältnisse übermäßig viel leisten muss, der sollte auch darauf achten, ausreichend versorgt zu sein, sonst besteht die Gefahr eines Burn-outs. Bevor ein Burn-out manifest wird, versucht der Körper durch entsprechende Anzeichen bereits Alarm zu schlagen. Fatal ist dabei, dass diese Signale wieder verschwinden, sobald sie ignoriert werden. Ein Umstand, der dem Körper mit der Zeit Schaden zufügt. Neben Schlafstörungen, Herzrasen und zahlreichen Mangelzuständen kann es bis hin zu körperlichen Schmerzen und einem Kreislaufzusammenbruch kommen. Neben der negativen körperlichen Veränderung kommt es immer mehr zu einem seelischen Ungleichgewicht bis hin zu schweren Depressionen, die therapeutisch und medikamentös behandelt werden müssen.

MEMO

Bevor es zu einer Therapie auf chemischer Basis kommt, gibt es zahlreiche Antistress-Quellen aus Lebensmitteln mit besonders hohen Mengen an Tryptophan. Dabei handelt es sich um Aminosäuren, die wir zur Produktion von Serotonin und somit für ein seelisches Gleichgewicht benötigen. Die folgenden Lebensmittel sind nicht nur geschmackvoll, sondern wahre Energie- und Eiweißbomben:

- Cashewkerne, Walnüsse
- Erbsen
- Kakao in Milch eingerührt
- abgebratene Hühnerbrust, Lachs oder Ei

Schwangerschaft, Stillzeit und fit10

Eine Schwangerschaft bedeutet für den Körper einer Frau den absoluten Ausnahmezustand. Läuft eine Schwangerschaft völlig komplikationsfrei, wird sie als etwas Elementares erlebt, und es ist schade, sich schon in dieser Zeit Sorgen wegen der Gewichtszunahme zu machen. Manche Frauen kommen tatsächlich auch vor einer geplanten Schwangerschaft zu mir, um noch davor das Gewicht zu regulieren.
Ich werde oft gefragt, ob fit10 auch in der Schwangerschaft umgesetzt werden darf. Dazu Folgendes: Während einer Schwangerschaft sollte man darauf achten, regelmäßig und natürlich auch vernünftig zu essen. Allerdings kann es durch die hormonelle Situation im Verlauf der Schwangerschaft zu Blutzuckerschwankungen kommen, daher sind auch Zwischenmahlzeiten erlaubt. Günstig wäre es, dabei auf komplexe Kohlenhydrate zu achten und Süßes nur als Dessert zu genießen. Was die Portionsgrößen betrifft, sollte man die Sättigung berücksichtigen.

Nach der Entbindung sollte die Aufmerksamkeit auf die neue Familiensituation gelegt werden und auf gar keinen Fall auf eine rasche Gewichtsreduktion. Es wäre weder für die Milchproduktion noch für das seelische Gleichgewicht sinnvoll, sofort an eine Diät zu denken. Der Körper und seine hormonelle Herausforderung müssen erst wieder ins Gleichgewicht kommen. Der Alltag mit dem Familienzuwachs muss sich erst einspielen. Und wenn man die ganze Zeit den Wunsch der schnellen Gewichtsreduktion im Kopf hat, schadet das der Ruhe und Harmonie. Geben Sie sich daher Zeit und vergleichen Sie sich nicht mit Models und Schauspielerinnen, die einen ganzen Stab an Nannys und Haushälterinnen im Hintergrund haben, die ihnen jeglichen unangenehmen Aufwand abnehmen.

Aus meinem Leben

Meinen ersten Sohn bekam ich sechs Tage nach meinem Studienabschluss. Ich saß also mit dickem Bauch bei der Diplomprüfung, mehr oder weniger in Sorge, gleich vor Ort mein Baby zur Welt zu bringen, und in der Hoffnung, die Professoren mögen mich aufgrund meiner besonderen Umstände liebevoll durch die Prüfung tragen. Meine Prüfer waren auf jeden Fall liebevoll, doch tragen musste ich mich selber und zwar eine ganze Stunde lang. Aber ich habe es geschafft, war erleichtert und glücklich und in froher Erwartung meines ersten Kindes. Die Zeit vor der Prüfung war natürlich sehr stressig, ich hatte noch viel zu erledigen und zu lernen. Mein Sohn war dann zum Glück das bravste erste Baby, das man sich nur wünschen konnte. Er trank ordentlich und schlief gut. So erholt wie in den ersten Monaten nach der Geburt meines Sohnes war ich nie wieder in meinem Leben. Nie wieder habe ich so viel geschlafen wie in dieser Zeit.

Schon bald erwartete ich meinen zweiten Sohn, genau 18 Monate nach meinem ersten. Und aufgrund der positiven Erfahrungen mit dem ersten Kind war ich frohen Mutes und stellte mich auf ein ebenso unkompliziertes Kind ein. Doch dann kam es ganz anders. Aber so etwas von anders. Schon nach der Geburt fing der kleine Kerl zu schreien an, war unglücklich, wollte am liebsten wieder zurück in den Uterus, doch da war schon geschlossen! Die erste Nacht zu Hause war ein Albtraum. Während der Große, Noah, von 20 Uhr abends bis 8 Uhr früh schlief, machte der Säugling, Joshua, kein Auge zu. Erst als Noah ausgeschlafen und putzmunter am Morgen aufwachte, schlief Joshua für gefühlte zehn Minuten ein. Horror, unmenschlich, Katastrophe! Aber ich war natürlich sehr optimistisch, dass das nur eine vorübergehende Ausnahme war. Dem war leider nicht so. Es ging Nacht für Nacht so weiter. Und es reichte auch nicht, Joshua einfach in den Armen zu wiegen. Wir mussten mit ihm herumspazieren – die ganze Nacht.

Untertags machte Noah gerne auch noch ein Mittagsschläfchen, und ich schaffte es zumindest ab und zu, dass Joshua zur selben Zeit einschlief. Es war meist so gegen 13 Uhr. So, und jetzt kommt die große Beichte. Was glauben Sie, was ich in dieser halben Stunde gemacht habe? Ich ging in die Küche, nahm mir aus dem Küchenschrank eine Packung Schokoröllchen – zum Glück gibt es sie nicht mehr – und steckte mir eins nach dem anderen in den Mund. Insgesamt waren es 20 Röllchen. Mein Highlight! Meine Entspannung, meine Belohnung! Bei jedem Einkauf wanderte schon völlig automatisch mindestens eine Packung in meinen Einkaufswagen. Mit anderen Worten: Ich belohnte mich dafür, dass ich den über alles geliebten Schreihals aushielt, dass ich nicht davonlief und dass ich immer weiter versuchte, die Situation in den Griff zu bekommen. Außerdem brauchten meine Nerven Futter, und ich brauchte Energie, da mein Schlafdefizit immer mehr anwuchs.

Eine Konditionierung, die mich auch heute noch verfolgt. Wenn es Ärger mit meinen Jungs gibt, kommt immer ganz automatisch die Lust auf Süßes. Aber wenn man sich der Situation bewusst ist, kann man die Reaktion verändern. Möglicherweise ist das der Grund, warum ich nun zur Marathonläuferin geworden bin.

Das Allerwichtigste aber ist, spätestens alle sechs Stunden zu essen. Durch den Stress mit einem Baby vergisst man oft, auf sich selbst zu achten. Von falschen Kalorien als Kompensation ist daher abzuraten. Während der Stillphase ist es auch ratsam, nicht nur Leitungswasser zu trinken. Besser wäre es, hie und da etwas Verdünnungssaft, daher Zucker, zu verwenden, so schafft es der Körper, die Flüssigkeit besser zu nutzen, vor allem dann, wenn der Flüssigkeitsbedarf durch das Stillen sehr hoch ist. Oft kommt es in dieser Zeit von ganz allein zu einer Gewichtsreduktion, da der Energieaufwand erhöht ist. Aber ganz bewusst abnehmen zu wollen, ist nicht ratsam, denn im Körperfett sind Giftstoffe aus der Umwelt gespeichert, die beim Abbau in den Blutkreislauf und somit in die Muttermilch gelangen.

Ich habe selbst vier Schwangerschaften hinter mich gebracht und ich habe ehrlicherweise bei jeder etwas mehr an Gewicht zugenommen. Der Stress und der Arbeitsaufwand mit kleinen Kindern neben Job und Haushalt sind so groß, dass man automatisch mehr isst und sich auch öfters mit Essen belohnt. Nur weil man weiß, wie es sein soll, bzw. nicht sein soll, ist man als Ernährungsberater auch nicht frei von Fehlern.

Aber mit Geduld und Vernunft bekommt man alles wieder in den Griff. Ich bin der lebende Beweis dafür. Dabei ist es wichtig, sich selbst nichts vorzumachen. Hat man drei Tage sehr vernünftig gegessen, auf die Energiezufuhr geachtet, lässt aber den vierten und fünften Tag sehr locker, um am sechsten und siebenten wieder konsequent zu sein, dann darf man sich nicht wundern, wenn die Gewichtskurve stabil bleibt. Aber immerhin: Sie bleibt dann stabil! Solange die Kurve nicht weiter nach oben steigt, ist alles in bester Ordnung. Haben Sie mit der Zeit die gesamte Familiensituation im Griff und sich auch gut eingewöhnt, dann können Sie tatsächlich mit fit10 durchstarten.

MEMO

Sobald Sie abstillen, dürfen Sie gerne mit fit10 durchstarten.
Davor halten Sie sich einfach an folgende Grundregeln:

- Ausgewogene Mahlzeiten
- Ausreichend frühstücken
- Kohlenhydratreiches Mittagessen
- Eher kleinere Abendmahlzeiten
- Während der Stillperiode ab und zu einen Snack (Joghurt mit Obst, belegtes Brot, Nüsse) zwischendurch

Gewichtsreduktion als Familienprojekt

Sind Familienmitglieder leicht oder auch schwer übergewichtig, dann schafft man eine erfolgreiche und nachhaltige Gewichtsreduktion meist nur dann, wenn alle an einem Strang ziehen. Oft wird beobachtet, dass Geschwister zwar die gleichen ungünstigen Ernährungsgewohnheiten haben, aber unterschiedlich darauf reagieren. Während das eine Kind übergewichtig wird, bleibt das andere schlank. Doch eine sinnvolle Ernährungsumstellung schadet niemandem. Ganz im Gegenteil: Dadurch kann die Fitness verbessert und möglichen späteren Krankheiten vorgebeugt werden. Daher sind die von mir in diesem Buch beschriebenen Verhaltensregeln und Ernährungsempfehlungen für alle Familienmitglieder, egal ob dünn oder dick, sinnvoll und umsetzbar.

Abnehmen im Schul- und Arbeitsalltag

Viele Termine, viel Arbeit, Schularbeiten, Stress, hoher Energieverbrauch, aber keine Zeit zum Energietanken, keine Zeit oder auch keine Lust zu essen? Gerade wenn man viel zu tun hat, ist es sehr wichtig, auf eine ausreichende und vor allem zeitgerechte Energiezufuhr zu achten. Oft lässt man das Frühstück und auch Mittagsmahlzeiten bewusst aus, um früher mit der Arbeit fertig zu werden und um in Ruhe zu Hause zu essen. Doch der Körper reagiert darauf wenig erfreut. Wie auch? Zum Arbeitsstress bekommt er zusätzlich körperlichen Stress, da er viel leisten muss und im Gegenzug nicht adäquat versorgt wird. Das Problem dabei ist, dass man Energie nicht nachtanken kann. Denn der menschliche Körper ist ein System, das permanent, das heißt ohne Unterbrechung, Energie verbraucht – einmal mehr, einmal weniger und auch einmal besonders viel. Versorgt man das System kontinuierlich und angemessen, funktioniert es nicht nur sehr effizient, sondern das entstehende biochemische Gleichgewicht bleibt erhalten. Damit kann man einem falschen Essverhalten, Übergewicht und auch Krankheiten wie Bluthochdruck, Diabetes und anderen ernährungsbedingten Krankheiten, aber auch seelischem Ungleichgewicht wie Depressionen und Burn-out vorbeugen. Der bekannte Satz: »Rechtzeitig darauf achten, dass man alles hat, was man braucht« gewinnt im Ernährungsalltag immer mehr an Bedeutung.

Hunger und Sättigung – wer kennt das noch?

Die natürliche Hunger-Sättigungsregulation haben Sie vermutlich schon vor Jahrzehnten verloren. In den frühen Morgenstunden oder sogar bis Mittag kennen Sie das Gefühl Hunger überhaupt nicht. Aber glauben Sie tatsächlich, dass das ein gutes Zeichen ist? Glauben Sie, dass es Sinn hat, keinen Hunger zu haben, obwohl man überhaupt nichts gegessen hat? Kommt Ihnen das nicht seltsam vor? Ehrlicherweise muss man nicht unbedingt Hunger haben, um zu essen. Beim Trinkverhalten weiß man, dass man nicht erst trinken soll, sobald man durstig ist. Und das stimmt auch. Man soll über den Tag verteilt regelmäßig trinken. Doch das gilt auf jeden Fall auch fürs Essen. Heutzutage essen viele Menschen nicht dann, wenn sie hungrig sind, sondern erst, wenn sie Zeit oder Lust dazu haben.

fit10 hilft, durch den beschriebenen Mahlzeitenrhythmus eine artifizielle Hunger-Sättigungsregulation aufzubauen. Und es ist tatsächlich so, dass man zu seiner eingelernten Essenszeit (plus/minus eine Stunde) Hunger bekommt. Toll, denn dann wird man gleich daran erinnert, dass man Essen soll.

Warum haben wir Hunger? Damit wir erkennen, dass wir Nachschub brauchen. Aber wenn wir uns dazu erziehen, den Hunger zu übergehen, zu ignorieren, auf lautlos zu drehen, dann werden wir unseren Bedarf nicht sinnvoll decken können. Genau das hat verheerende Auswirkungen auf unser Essverhalten und letzten Endes auf unseren Körper. Mit der Sättigung verhält es sich genauso. Wenn wir unser Gewicht reduzieren wollen, dabei viel zu wenig essen und vor allem zu wichtigen Mahlzeiten wie etwa dem Mittagessen nie richtig satt sind, dann können wir auch nicht richtig versorgt sein. Wie soll da ein natürliches System aufgebaut werden? Und wie soll uns da der Körper tatsächlich Bedarf anzeigen können? Es dreht sich beim Essen oder Nichtessen nur noch darum, durchzuhalten und loszulassen, um danach wieder durchhalten zu können. Es geht den meisten Menschen nicht darum, ihren Körper sinnvoll zu versorgen, sondern darum möglichst rasch Gewicht zu verlieren.

Im Übrigen verhält es sich mit dem Hunger wie mit dem Schmerz. Haben Sie sich schon einmal gefragt, warum wir Menschen Schmerzen empfinden können? Schmerz ist etwas sehr Unangenehmes. Ich denke, Sie hatten bestimmt schon die eine oder andere schmerzvolle Erfahrung. Schmerz veranlasst Schonung, Behandlung, um die Stelle des Körpers auszukurieren, die scheinbar lädiert ist. Wäre man schmerzunempfindlich, wäre dies lebensbedrohlich, da man Verletzungen im Körper nicht wahrnehmen und daran sterben kann. Beim lautlosen Hunger verhält es sich ähnlich. Stellen wir Hunger ab – und jeder diätgeprüfte Leser wird mir bestätigen, dass dies relativ rasch möglich ist –, dann kann es zu einer Mangelversorgung kommen. Im Extremfall führt dies zum Tod. Ältere Menschen verlernen häufig das Durstempfinden, vergessen auf ausreichende Flüssigkeitszufuhr, was im schlimmsten Fall zu einer Exsikose (lebensbedrohliche Austrocknung des Körpers) führen kann. Merken Sie sich daher folgenden einfachen Hinweis: Der Körper liebt nichts mehr als Regelmäßigkeiten. Und bietet man ihm regelmäßig Nahrung in einem sinnvollen Umfang an, dann wird er sehr effizient damit umgehen können.

Weder essen als Belohnung noch Hunger als unangenehme Belgeiterscheinung sind der richtige Zugang zu einer sinnvollen Ernährung, wenn man sein Gewicht reduzieren will.

fit10 und Urlaub

Urlaubsdesaster durch Stress und Fehlernährung?

Meist hat man vor einem bevorstehenden Urlaub besonders viel Stress! Sollten Sie dabei nicht auf adäquate Ernährung geachtet haben, kann das große Nachteile für Ihre Gesundheit und demzufolge auch für Ihre geplante Urlaubsreise bringen. Cortisol, das Stresshormon, greift die Immunzellen an. Durch Stress ist auch Ihr Adrenalinspiegel erhöht, wodurch Sie während der akuten Stresszeit nicht krank werden. Doch sobald der Stresspegel und damit das Adrenalin abfallen, kommen die Auswirkungen zu tragen. Ihr Immunsystem ist geschwächt, und Sie sind besonders anfällig für Infekte. Da kann schon ein verschnupfter Sitznachbar im Flugzeug eine starke Erkältung mit sämtlichen unangenehmen Nebenwirkungen übertragen, und Sie leiden über kurz oder lang an Fieber, Halsschmerzen, Husten etc. Auch ein leicht verdorbenes Stück Obst kann schon Ihr gesamtes Verdauungssystem aus den Fugen geraten lassen. Sie brauchen mindestens eine Woche, um wieder auf die Beine zu kommen, und Ihr Urlaub ist beeinträchtigt. Achten Sie lieber durch gute Ernährung in stressigen Zeiten besser auf sich und genießen Sie dann Ihren Urlaub in vollen Zügen.

Das ist kein Widerspruch. Ich weise meine Klienten stets darauf hin, dass man sich auf die Entspannung freuen und keine Angst vor dem Essen haben sollte. Während eines fit10-Plans in den Urlaub zu fahren, macht rein gar nichts. Denn man konzentriert sich einfach weiter auf drei Mahlzeiten und isst das, was angeboten wird. Machen Sie einfach nach dem Urlaub da weiter, wo Sie unterbrochen haben. Selbst ein Alles-inklusive-Urlaub ist leicht machbar: Sehen Sie nicht dort ein Problem, wo gar keines ist. Es ist doch gut, wenn Sie sich keinen Kopf machen müssen, wohin Sie essen gehen oder was Sie kochen sollen. Wenn die Verpflegung für Ihren gesamten Aufenthalt als Buffet angeboten wird, dann brauchen Sie auch nicht Sorge haben, etwas zu versäumen, wenn Sie nicht gleich am ersten Abend alles durchkosten können. Erfahrungsgemäß wiederholt sich der Speiseplan regelmäßig.

Sobald Sie sich gewisse Speisen, Eis oder Cocktails im Urlaub verbieten, werden Sie umso mehr davon haben wollen und sich auch gönnen. Bleiben Sie entspannt und spannen Sie aus. Dafür ist Urlaub schließlich da. Und entspannen kann man mehr, wenn der Magen nicht überfüllt ist und man sich noch wohl fühlt. Ein ständig schlechtes Gewissen im Urlaub zu haben ist unlustig. Ebenso wenig turnt es an, beim Flug nach Hause daran zu denken, dass man ab dem darauffolgenden Tag wieder auf Diät ist. Denken Sie an Ihr Urlaubsziel, an die Kultur im bereisten Land und daran, die Seele baumeln zu lassen. Aber denken Sie niemals an eine Diät.

Kindgerechte Ernährung im Urlaub

Bleiben Sie konsequent und versuchen Sie, eine gewisse Regelmäßigkeit aufrechtzuerhalten. Auch Kinder können im Urlaub bis zu drei oder mehr Kilo zunehmen. Aber wie nimmt das Kind danach ab? Auch sollten Sie daran denken, dass der bereits eingetretene Abnehmerfolg dann gemeinsam mit der Motivation verloren ist. Lieber mit Vernunft auch im Urlaub liebevoll erziehen, als mit falsch verstandener Liebe alles erlauben. Sie möchten doch ganz bestimmt, dass sich Ihr Kind nicht wegen des Essens auf den Urlaub freut!

Bewegung mit der Familie

Sport ist wirklich etwas sehr Wichtiges für Körper und Fitness. Regelmäßige Bewegung verbessert die Durchblutung, stärkt Herz und Kreislauf sowie das Immunsystem, kräftigt die Muskulatur, strafft das Gewebe und sorgt für eine verbesserte Insulinwirkung. Könnte man Sport in Tablettenform verabreichen, wäre er wohl die beste Medizin.

Sport in der Kindheit und Jugend ist besonders wertvoll. Durch Sport während der Wachstumsphasen muss sich der Körper bereits anders und effizienter entwickeln. Es werden andere Grundsteine für das Erwachsenenalter gelegt. In meiner Praxis sehe ich oft eine sportliche Vergangenheit meiner erwachsenen und mittlerweile unsportlichen Klienten anhand der Zellen, die ich mittels Bio-Impedanz-Analyse messen kann.

Die Kehrseite der Medaille

Ich selbst bin in meiner Kindheit unglaublich viel gelaufen, war Leistungssportlerin. Ich war auch sehr erfolgreich, habe ständig bei Wettläufen gewonnen, sogar österreichische Meisterschaften. Es hat mir großen Spaß gemacht. Durch den Leistungssport habe ich meinen Mann kennengelernt. Während ich mit der Zeit meine sportliche Karriere an den Nagel gehängt habe, ist mein Mann weiterhin sehr erfolgreich geblieben, und war letzten Endes drei Mal bei olympischen Spielen dabei (Atlanta, Sydney, jeweils Leichtathletik, Vancouver, Bobteam). Sport hat also für mich einen hohen Stellenwert und große Bedeutung. Dennoch erlaube ich mir hier zu schreiben, dass Sport zwei Seiten hat. Eine sehr gute und wichtige, die alle kennen und die ich nicht genauer definieren muss. Aber auch jene, über die eigentlich nicht viel oder eher gar nicht gesprochen wird, bis jetzt zumindest. Wer regelmäßig Sport treibt, macht sich sowohl physiologisch wie auch psychologisch davon abhängig. Der Körper ist den energetischen Mehraufwand gewohnt und der gesamte Stoffwechsel darauf ausgerichtet. Sport wird zur Selbstverständlichkeit und ist kein Reiz mehr, sondern Gewohnheit. Um sich wohl zu fühlen, muss daher ein bestimmtes Pensum an Training fortlaufend absolviert werden. Je aufwendiger man sein Training über viele

Jahre gestaltet hat, umso konsequenter muss man dran bleiben. Eine Veränderung des Bewegungsumfangs aus Zeitmangel aufgrund des Berufes, der Familie oder aufgrund einer Verletzung führt zu ungünstigen Effekten: Einerseits kommt es zu einem hormonellen Ungleichgewicht, das oft mit einem erhöhten Konsum an Nahrung ausgeglichen wird (Endorphine), und andererseits fällt plötzlich der Energiemehraufwand weg. Das Resultat lässt sich leicht erahnen: Es kommt zu einer unerwünschten Gewichtszunahme.

Des Weiteren verliert man den Muskeltonus. Man verliert nicht sofort seine Muskelmasse, keine Sorge, aber der Spannungszustand (Tonus) des Muskels verändert sich relativ rasch, wenn man das Training für ein paar Tage oder Wochen unterbricht. Ein Zustand, der als sehr unangenehm empfunden wird, da es sich für den Betroffenen anfühlt, als wären seine Muskeln alle weg. Für einen Außenstehenden ist es nicht sichtbar. Viele Sportler treiben Sport aus Leidenschaft und nicht, um ihre Gewichtsprobleme in den Griff zu bekommen. Aber immer mehr Menschen hoffen durch Sport ihr Idealgewicht zu erreichen. Ist das möglich? Ja! Aber nur wenn auch die Ernährung stimmt. Sie können noch so viel trainieren, wenn Sie sich dabei nicht richtig versorgen, werden Sie keineswegs die Veränderungen erleben, die Sie sich wünschen. Trainiert man viel und isst auch viel, kommt es rasch zu einem Energieausgleich. Trainiert man viel und isst zu wenig, bremst man den Energiehaushalt aus, wird seine Leistung nicht verbessern und man wird ins Leere trainieren. Daher ist eine gute Mischung von beidem das Allerwichtigste. Dies betrifft nicht nur Abnehmwillige, sondern auch Profisportler.

Beim Trainieren ist es wie beim Essen. Wenn man etwas mit dem Training verbessern möchte, dann muss man Trainingsreize setzen. Bei fit10 verändern wir auch immer wieder Kleinigkeiten, damit der Körper nicht in ein Gleichgewicht kommt und sich anpasst. Und will man seinen Körper trainieren, formen und verbessern, so müssen Trainingsreize gesetzt werden. Dreht man drei Mal pro Woche immer die gleiche Laufrunde mit gleicher Geschwindigkeit, wird man bald seinen Körper entsprechend angepasst haben, und es wird zu keiner Veränderung mehr kommen.

Wenn Sie Bewegung machen möchten, dann starten Sie durch, aber sanft. Wenn Sie keine Bewegung machen möchten oder es wirklich im Moment zeitlich nicht möglich ist, dann konzentrieren Sie sich auf Ihre Ernährung. Die richtige Ernährung ist um ein Vielfaches wichtiger als Sport.

Ein Vergleich: Jemand bewegt sich unglaublich viel, absolviert viele Trainingseinheiten, aber isst wirklich nur Junkfood & Co. Dieser Mensch lebt auf jeden Fall viel ungesünder als jemand, der überhaupt keinen Sport treibt, aber dafür auf seine Ernährung besonders gut achtet.

Ob man morgens nüchtern trainiert oder nach dem Frühstück, ob abends oder nachmittags: Das spielt keine Rolle für die Fettverbrennung, Entscheidend ist, sich zu bewegen und grundsätzlich richtig versorgt zu sein. Der Effekt tritt von allein ein. Achten Sie darauf, dass die Sporteinheit nicht so fällt, dass Sie die sechs Stunden Nahrungskarenz überschreiten. Das wäre nicht sehr leistungsfördernd, und auch das Abnehmen kann dadurch gebremst werden.

Wenn Sie schon ein Fitnesscenter nutzen möchten, dann gilt immer die Regel: Krafttraining vor Ausdauertraining. Macht man vor Krafteinheiten über 30 Minuten Crosstrainer, Laufband, Spinning etc., dann sind die Muskeln müde und das Krafttraining nicht sehr reizvoll. Zwingen Sie weder sich noch Ihre Kinder zum Sport. Freude steht im Mittelpunkt, vergessen Sie das niemals. Und bedenken Sie Folgendes: Sie werden Ihren Kindern nie Spaß am Sport beibringen, wenn Sie selbst auch nicht mit Freude dabei sind.

MEMO

- Beginnen Sie sanft mit **Bewegung**, starten Sie gemütlich durch. Übertreiben Sie nicht.
- Weniger ist zu Beginn mehr, denn damit bleiben Sie **steigerungsfähig**. Finden Sie einen Sport, den Sie auch **allein** umsetzen können, machen Sie sich nicht von anderen abhängig.
- Bieten Sie Ihrem Kind einfache und weniger kostspielige **Sportprogramme** an.
- Meiden Sie einen hohen **finanziellen Aufwand**. Das setzt Sie nur unnötig unter Druck.
- Ein einfaches **Workout zu Hause** kann zeitsparend, sehr lustig und effektiv sein.
- Der **Zeitpunkt** der Trainingseinheit ist vollkommen egal. Wichtig ist, dass der Zeitpunkt für Sie passt.

Das Trinkverhalten den Umständen anpassen

Der Wasseranteil im Körper liegt bei über 50 Prozent und sollte möglichst konstant gehalten werden. Bei hohen Temperaturen, auch bei sportlicher Betätigung macht sich der Flüssigkeitsbedarf eher bemerkbar, und die Trinkmengen werden automatisch erhöht. Bei vielen Menschen ist das Durstempfinden aber reduziert, wodurch leider viel zu wenig getrunken wird. Müdigkeit, Kopfschmerzen und ein starker Leistungsabfall sind die Folgen. Aber oft wird auch bewusst die Trinkmenge niedrig gehalten, da sonst der Harndrang und damit die Häufigkeit der Toilettengänge stark ansteigen, was gerade am Arbeitsplatz und auch in der Schule sehr ungünstig sein kann.

Man sollte langsam aber kontinuierlich die Trinkmenge anheben: Idealerweise erhöht man alle 14 Tage die Trinkmenge um ca. 100 Milliliter, bis man insgesamt auf ca. zwei Liter pro Tag bzw. ein bis eineinhalb Liter bei Kindern kommt. So hat der Körper Zeit, sich an größere und gesündere Trinkmengen zu gewöhnen und sie besser zu nutzen.

MEMO

- Sind die **Temperaturen** besonders hoch, ist Leitungswasser nur der zweitbeste **Durstlöscher**. Besser eignen sich Mineralwasser oder Wasser mit einem Schuss Zitronensaft, aber auch Verdünnungssirup oder Fruchtsaft mit Wasser verdünnt helfen den Flüssigkeitshaushalt positiv zu unterstützen.
- Zum Essen ist ab und zu ein **verdünnter Saft** erlaubt, aber vermeiden Sie es, Säfte zwischen den Mahlzeiten zu trinken. Dadurch kommt es zu einer Insulinausschüttung, die die **Fettverbrennung** hemmt. Das gilt auch für Ihr Kind.
- Durch Hitze schwitzt man mehr, Elektrolyte gehen verloren, die auch für die Regulierung des **Wasserhaushaltes** verantwortlich sind.
- Wichtig ist es, Flüssigkeit gut verteilt **über den Tag** aufzunehmen. So kann der Körper diese besser nutzen.
- Falls Sie nach **Kaffeekonsum** nicht rasch die Toilette aufsuchen müssen, können Sie gerne auch Kaffee zur Flüssigkeitsaufnahme zählen.
- Pro Tag sollte man mindestens **eineinhalb bis zwei Liter** Flüssigkeit trinken, je nach Temperaturen und körperlicher Tätigkeit steigt der Bedarf.

Kontrolle oder Kontrollverlust?

Nichts auf der Welt wird so sehr kontrolliert wie das eigene Körpergewicht. Viele Menschen, egal welchen Alters, stellen sich nicht nur einmal täglich auf die Waage, sondern gleich mehrmals. Und dabei bedeutet mehrmals weit mehr als drei Mal pro Tag. Zusätzlich gibt es bei vielen Menschen gleichzeitig eine sogenannte Kontrollwaage, also eine zweite Waage, die die Gewichtskontrolle zusätzlich kontrollieren kann. Klingt wie ein Zungenbrecher und sehr abstrakt, ist aber Realität. Doch was bringt das viele Wiegen? Tatsächlich können einige Menschen damit ihr Gewicht konstant halten, da sie bei einer kleinen Veränderung auf der Waage mit einfachen Maßnahmen wie Sport oder Nahrungsreduktion dagegen wirken. Daher kontrollieren sie mit der Waage das Gewicht. In vielen Fällen kontrolliert allerdings die Waage das Verhalten. Was allerdings viel schlimmer ist: Sie beeinflusst auch die Stimmung.

Aus dem Abnehm-Alltag: Sie möchten etwas für Ihre Gesundheit tun und stellen Ihre Ernährung um. Sie essen zum Beispiel nach fit10 und machen zusätzlich Sport. Sie haben einen Tag geschafft, an dem Sie wirklich sehr kontrolliert gegessen haben. Zusätzlich wurde auch noch eine Sporteinheit absolviert, und Sie fühlen sich so richtig gut. Frohen Mutes und mit einem guten Körpergefühl gehen Sie schlafen und freuen sich auf das morgendliche Wiegen. Voller Freude, Motivation und mit den besten Erwartungen betreten Sie das Gerät, um dann zutiefst enttäuscht, voller Unzufriedenheit und Unverständnis wieder herunter zu steigen. Die Waage zeigt kein Minus, sondern ein Plus! »Wofür mache ich das, das bringt ja doch nichts!« sind die ersten Gedanken, und weitere negative folgen. Nicht nur, dass die Stimmung am Tiefpunkt ist, man verändert wiederum das Verhalten. Denn fühlt man sich schlecht, erfolglos und deprimiert, dann isst man entweder zu viel oder sogar viel zu wenig.

Was kurzfristig Einfluss auf das Körpergewicht hat:

- Wassereinlagerungen durch Sport
- Salzreiche Nahrung
- Höhere Flüssigkeitszufuhr (z. B. durch Sport)
- Saunabesuch
- Verdauungsbeschwerden
- Hormonelle Schwankungen

Paradox ist Folgendes: Während einer höheren Zahl auf der Waage sofort Glauben geschenkt wird und sämtliche Gründe für Schwankungsmöglichkeiten ignoriert werden, wird ein Erfolg auf der Waage meist nur schwer akzeptiert.

MEMO

Wenn Sie Ihre Ernährung nach fit10 umstellen, dann empfehle ich Ihnen Folgendes: Stellen Sie sich entweder nur einmal pro Woche auf die Waage oder überhaupt nur einmal im Monat. Vertrauen Sie den Veränderungen, vertrauen Sie Ihrem Körpergefühl und beenden Sie das Spiel mit den Zahlen.

Für Kinder gilt es, ein regelmäßiges Wiegen zu vermeiden. Es wäre wirklich ungünstig, Kinder und Jugendliche schon so früh auf die Idee zu bringen, ihr Gewicht zu kontrollieren. Was soll das wirklich bringen? Können Kinder die Zahl auf der Waage oder besser noch die Veränderungen verstehen? Wohl kaum, wenn es nicht einmal die Erwachsenen schaffen. Außer Stress und Frust bewirkt es nicht viel. Solange man einen Erfolg auf der Waage sieht, ist man motiviert. Allerdings gibt es auch körperliche Schwankungen, die eine Gewichtsreduktion auf der Waage nicht sichtbar machen.

Ich finde es auch spannend, wenn sich Menschen nach einem sehr üppigen Abendessen am nächsten Tag auf die Waage stellen. Ganz ehrlich, was erwarten sie sich? Ein Wunder? Oder sind sie vielleicht masochistisch veranlagt? Denn anders ist dieser Tritt auf die Waage nicht zu deuten. Und es soll sogar vorkommen, dass man nach solchen Fresstagen auch tatsächlich weniger wiegt. Was sagt uns das jetzt? Dass wir eigentlich eher so weiter tun sollten, um endlich zu unserem Wunschgewicht zu kommen? Leider ist der menschliche Körper manchmal voller Rätsel, denn es kommt vor, dass eine Gewichtszunahme wie auch eine Gewichtsabnahme zeitverzögert auftritt.

Das Spiel mit der Zahl

Leider sehen viele Menschen in der Zahl auf der Waage ihre Belohnung. Eigentlich ist es doch viel mehr Belohnung, wenn Ihnen die Hose wieder passt, der Gürtel enger zu schnallen ist, das Dirndl locker sitzt und Sie sich in ihrer Haut wieder wohl fühlen. Nur darum geht es. Viele definieren sich über eine Zahl (!) und vor allem über gerade Zahlen. Ist es nicht vollkommen egal, ob man 69 oder 71 Kilo wiegt? Glauben Sie wirklich, dass es dieser Unterschied ausmacht? Warum muss es eigentlich immer eine runde Zahl sein, die man sich zum Ziel setzt?

Der Gewöhnungseffekt

Hat man wirklich sehr erfolgreich abgenommen, z. B. 25 Kilo bei einem Ausgangsgewicht von 80 Kilo und einer Körpergröße von 1,68 Meter (weiblich), dann ist die körperliche Veränderung für sich selbst, aber auch für andere sehr gut sichtbar. Lob und Bestätigung sind der Lohn der Mühen. Zufriedenheit und Glück machen sich breit. Doch leider nur für kurze Zeit. Sobald man sich an das neue Ich gewöhnt hat, beginnt die eigene Unzufriedenheit erneut aufzublühen. Es scheint fast so, als ob es zur Gewohnheit werde, mit sich selbst unzufrieden sein zu müssen. Das stellt tatsächlich ein sehr großes und nicht selten auftretendes Problem dar, denn dadurch kommt es häufig zu einem erneuten Fehlverhalten: Man beginnt wieder, zu wenig zu essen, Mahlzeiten werden ausgelassen, und der Teufelskreis beginnt von vorne. Anstelle einer weiteren Abnahme kommt es erneut zu einer Gewichtszunahme.

Haben Sie es tatsächlich geschafft und viel Gewicht verloren, dann sollten Sie Ihrem Körper und vor allem aber auch Ihrer Seele Zeit geben, diese Veränderung wirken zu lassen. Setzt man ein vernünftiges Essverhalten fort, verändert sich der Körper nachhaltig positiv weiter. Und dabei muss sich vorerst das Gewicht auch gar nicht verändern.

Bedeutet weniger Gewicht weniger essen?

Viele Klienten fragen mich, ob sie in einer zweiten oder weiteren Runde fit10 die Mengen reduzieren müssen, da sie ja bereits Gewicht verloren haben. Nein! Definitiv nicht. Sie beginnen nach einer kurzen Übergangsphase einfach wieder von vorne. Stellen Sie sich vor, ich nehme einem stark übergewichtigen Menschen jedes Mal wieder einen Anteil an Eiweiß und Kohlenhydraten weg, dann wird er schon bald nichts mehr essen dürfen. Durch die Phasen innerhalb von fit10 kommt es immer wieder zu neuen Reizen, und dadurch schreitet die Gewichtsreduktion voran.

Nach einer absolvierten fit10-Runde sollte man ca. drei Wochen etwas locker lassen: Man lässt den Obst- und Gemüsetag weg, isst drei bis vier Mal Kohlenhydrate abends, und sollte auch die erlernten Portionsgrößen schätzen, und nicht mehr kontrollieren. Auch kleine Zwischenmahlzeiten sind ab und zu erlaubt. Grundsätzlich sollte aber der Mahlzeitenrhythmus aufrecht bleiben. Danach startet man erneut mit fit10 durch und verwendet dieselben Mengenangaben.

Denken Sie an Ihr Kind. Müssten Sie immer wieder die Portionsgrößen der Speisen Ihres Kindes reduzieren, wird es am Ende bald nichts mehr essen dürfen. Es muss von vornherein darauf geachtet werden, nicht zu wenig zu essen. Der Körper passt sich an eine zu geringe Energiezufuhr an, und das ist auf Dauer problematisch, da es dann bereits durch eine leichte Steigerung der Energiezufuhr rasch zu einer Gewichtszunahme kommen kann (Jo-Jo-Effekt). Sämtliche Tipps und Erklärungen, die Sie zuvor in diesem Buch gelesen haben, helfen Ihnen und Ihrem Kind, so zu essen, dass Sie und Ihr Kind gut versorgt sind und abnehmen können.

Teil II

MAHLZEIT!

DAS FRÜHSTÜCK

fit10 hilft, durch den beschriebenen Mahlzeitenrhythmus eine artifizielle Hunger-Sättigungsregulation aufzubauen. Und es ist tatsächlich so, dass man zu seiner eingelernten Essenszeit (plus/minus eine Stunde) Hunger bekommt. Toll, denn dann wird man gleich daran erinnert, dass man Essen soll.

Die Initialzündung für den Tag

Während für die einen eine Selbstverständlichkeit, ist das regelmäßige Frühstück für andere eine Unmöglichkeit. Tatsächlich ist das Frühstück die wichtigste Mahlzeit am Tag. Aber warum? Das Frühstück ist die Initialzündung für den Tag. Es bewirkt, dass der Zuckerspiegel im Blut ansteigt, Insulin freigesetzt wird, und dadurch der Zucker, also Energie, in unsere Zellen eindringt. Damit kann sich unser inneres Kraftwerk aufs Arbeiten konzentrieren und fällt nicht in den Sparmodus. Der Körper kommt dadurch so richtig in die Gänge. Und merke: Auch wenn man noch so gesund isst, beginnt man damit erst zu Mittag oder noch später, ist der Körper bereits falsch programmiert. Nicht nur die Auswahl gesunder Nahrung ist wichtig, sondern auch deren rechtzeitige Aufnahme. Aber bitte beachten Sie: Isst man am Morgen zu spät oder womöglich das Falsche, dann geht der Schuss nach hinten los. Unterzuckerung mit nachmittäglichen Heißhungerattacken, Konzentrationsschwächen und sogar Übergewicht können daraus resultieren. Es gibt zahlreiche Studien, die einen Zusammenhang zwischen dem Weglassen eines Frühstücks und Übergewicht belegen.

Leider gibt es in vielen Familien kein Frühstücksritual. Oft streiken Kinder und Jugendliche, da sie lieber zehn Minuten länger schlafen, als sich zum Frühstückstisch zu setzen. Doch eigentlich sollte das Frühstück die Familienmahlzeit sein. Wenn man aber im falschen Rhythmus ist, wird es immer schwieriger, egal ob man jung oder alt ist, ein regelmäßiges Frühstück zu integrieren. Der Hunger bleibt bis am späten Nachmittag aus, wobei auch eine zu große Abendmahlzeit zum Ausbleiben des Hungergefühls in den frühen Morgenstunden führen kann. Die Spätfolgen sind Unterzuckerung, Heißhungerattacken, Erlernen falscher Ernährungsgewohnheiten, erhöhter Zuckerkonsum, verstärkte Fetteinlagerung, Leistungseinbußen und last but not least Stimmungsschwankungen.

Dabei wäre alles so einfach, denn jeder Mensch kann lernen, richtig zu frühstücken. Selbst wenn man Jahrzehnte nicht mehr gefrühstückt hat, ist es möglich, den Körper und seinen Stoffwechsel so zu verändern, dass er in den Morgenstunden ein Frühstück durch Hunger einfordert. Dazu braucht man nur ein paar Tage Geduld, und die richtige Strategie.

Das richtige Frühstück

Lassen Sie Ihre Familie und besonders Ihre Kinder mitentscheiden, was sie zum Frühstück essen werden. Allerdings achten Sie darauf, dass auch zumindest ein kleiner Anteil an komplexen Kohlenhydraten (z. B. dunkles Brot, dunkles Gebäck, Haferflocken) dabei ist.

MEMO

Frühstücksgeschichte von Superhelden

Oftmals hilft eine Geschichte zum besseren Verständnis, sollten Sie frühstücksresistenten Nachwuchs haben. Probieren Sie einmal, folgende Story an den Mann zu bringen: Wenn man frühstückt, dann hat man die Power von Spiderman, der Blutzucker steigt wie Superman an, man bekommt Kräfte wie Hulk und die geistige Leistungsfähigkeit von Ironman. Und wer nicht frühstückt, verliert alle seine Superkräfte und Coolness!

Anfängliche Großzügigkeit

Um das Frühstücken zu erlernen, können Sie Ihrem Kind gerne auch eine Scheibe dunkles Brot mit Nutella oder Ähnlichem erlauben. Ein getoastetes dunkles Brot kann manchmal verlockender sein.

Zu Beginn sollten Sie Vollkornprodukte vermeiden, da sie schwerer verdaulich sind und Ihr Kind belasten könnten. Süße Flakes mit Milch sind immer noch besser, anstatt überhaupt nichts zu essen. Versuchen Sie, dem Nachwuchs einen Esslöffel Haferflocken in den Flakes unterzujubeln. Doch das Allerwichtigste ist, dass Ihr Kind das Frühstück ritualisiert. Denn sobald das Frühstück zur Gewohnheit wird, können Sie an einer Optimierung der Zusammenstellung arbeiten (siehe Frühstück, S. 59).

Für erwachsene Frühstücksverweigerer gilt im Prinzip dasselbe. Allerdings könnten Sie bereits von Beginn an auf eine ausgewogenere Frühstücksmahlzeit achten. Auch wenn für Sie die Zubereitung eines Frühstücks aufwendig ist, so ist dies bereits der erste und vor allem wichtigste Schritt in Sachen Ernährungserziehung und Gewichtsregulierung.

Belohnungsstrategie: Basteln Sie mit Ihrem Kind einen Wochenplan. Jedes Mal, wenn ihr Kind gefrühstückt hat (auch wenn es zu Beginn nur wenige Bissen sind) wird ein Smiley eingetragen. Zuvor vereinbaren Sie mit ihrem Kind, wie viele Smileys gesammelt werden müssen, um dafür eine Belohnung zu erhalten. Die Belohnung soll

FRÜHSTÜCK NACH DER FIT10-METHODE

WOCHE 1–3

- **Brotscheiben** (die Menge richtet sich nach Ihrem persönlichen Plan) mit Topfenaufstrich (Quarkaufstrich) oder anderen Aufstrichen oder je 1 Blatt **Schinken** pro Brotscheibe oder je 1 Scheibe **Käse** (max. 45 % Fett) pro Brotscheibe oder 1 bis 2 weiche **Eier**
- 1 Handvoll **Rohkost** (Gurke, Karotte, Paprika etc.) oder 1 Stück Obst (darf, muss aber nicht sein; keine Banane)
- 1 kleines **Joghurt** (1 % Fett; ohne Früchte; darf, muss aber nicht sein)
- **Kaffee** oder **Tee** (jeweils ohne Zucker; etwas Süßstoff ist erlaubt) oder 200 ml Kakao (etwas Instantkakao ist erlaubt, ohne zusätzlichen Zucker) oder 200 ml Milch
- Immer ca. 250 ml **Wasser** zusätzlich trinken (nicht zu kalt).

WOCHE 4–7

- Das Frühstück bleibt gleich, allerdings mit ein paar Neuerungen:
- Ab sofort dürfen Sie wieder **Streichfett** (Butter oder Margarine) in geringen Mengen essen.
- Auch **Marmelade** und **Honig** sind in geringen Mengen wieder erlaubt – aber nur in Kombination mit einer Scheibe dunklem Brot oder dunklem Gebäck.
- Sie dürfen jetzt auch **Müsli** (statt Brot und Gebäck) mit Obst und Milch oder Joghurt essen.
- **Selten erlaubt:** Kuchen, Brioche, Toastbrot (auch Vollkorn), Semmeln (Brötchen) & Co.

WOCHE 8–10

- Gleich wie Woche 4–7

einerseits nichts Essbares sein, und andererseits auch nichts Kostspieliges: ein neues T-Shirt, ein Ausflug in den Zoo oder ins Schwimmbad etc. Sobald die Belohnung eingelöst wurde, machen Sie gleich die nächste aus. Auch bei Jugendlichen funktioniert die Belohnungsstrategie, wenn die Belohnung entsprechend attraktiv ist. Das Frühstücksritual kann so zur Selbstverständlichkeit und Gewohnheit werden. Letztere wird zum Ritual, das mit der Zeit von selbst abläuft, denn gerade beim Frühstück ist große Abwechslung nicht besonders wichtig.

Bei all diesen Maßnahmen vergessen Sie nicht Ihre Vorbildwirkung! Wenn Sie selbst nicht zu Hause frühstücken, wie soll es dann Ihr Kind von Ihnen lernen? Vor allem geraten Sie in Erklärungsnot, wenn Sie möchten, dass Ihr Kind ein Frühstück isst, Sie selbst aber keines zu sich nehmen. Bedenken Sie außerdem, dass das Frühstück hilft, das Essverhalten Ihres Kindes, aber auch Ihr eigenes zu optimieren, den Blutzuckerspiegel auszugleichen und eine Gewichtsreduktion zu ermöglichen.

Vorbeugen kann Fehler verhindern! Sollten Sie ein Kleinkind haben, das zeitig in der Früh in den Kindergarten gebracht wird und dort eine Frühstücksjause angeboten bekommt, so ist es dennoch wichtig, das Frühstücksritual auch zu Hause zu praktizieren. Denn denken Sie an die Zeit nach dem Kindergarten: Wenn das Schulleben beginnt, ist es Ihr Kind bereits gewohnt, zu Hause nichts zu frühstücken, und wird so ohne Frühstück in die Schule gehen. Vermutlich wird es erst in der großen Pause – wenn überhaupt – zur Jause greifen. Was sehr nachteilig wäre, da es Unterzucker im Blut und Konzentrationsschwächen begünstigt. Damit entwickelt Ihr Kind im Laufe des Tages mehr Gusto auf Süßigkeiten, und der erste Schritt in Richtung Fehlernährung und Übergewicht ist getan.

Die richtige Auswahl treffen

Nur eine Tasse Kaffee, nur eine Tasse Kakao, nur ein Stück Obst oder auch nur ein Joghurt – das ist definitiv kein Frühstück im ernährungstechnischen Sinn, denn es entspricht nicht einmal dem sprichwörtlichen Tropfen auf dem heißen Stein.

Ein Frühstück sollte stets einen ausreichenden Kohlenhydratanteil (Brot, Hirse, Hafer, dunkles Gebäck, aber auch Reis, Couscous etc.) enthalten, um einen sinnvollen Blutzuckeranstieg zu bewirken. Komplexe Kohlenhydrate wie etwas dunkles Brot oder Gebäck, aber auch Getreide wie Müsli, Reis, Hirse sind den einfachen Kohlenhydraten vorzuziehen. Kipferl, Semmel & Co. haben einen ungünstigen glykämischen Index: der Blutzuckeranstieg erfolgt zu rasch und zu hoch und sinkt auch durch eine zu hohe Insulinausschüttung zu rasch ab, wodurch einerseits mehr Hunger, also einfach gesagt Appetit entsteht und andererseits keine ideale Zellversorgung gewährleistet wird.

Mit fit10 lernt man, die richtigen Mengen zu frühstücken. Grundsätzlich sollte das Frühstück – nach dem Mittagessen – die zweitgrößte Mahlzeit sein. Und das gilt auch für Ihre Kinder!

MEMO

Der Zeitpunkt ist wichtig
Das Frühstück sollte **so früh wie möglich** und spätestens zwei Stunden nach dem Aufstehen eingenommen werden, um eine Unterzuckerung zu vermeiden. Kinder sollten stets zu Hause frühstücken, nur so werden sie auch im Erwachsenenalter leichter auf dieses Verhalten zurückgreifen können.

Das Frühstück zu Hause **in aller Ruhe** wäre ideal, aber wenn dies aus Zeitgründen nicht möglich ist, müssen Sie einen Kompromiss schließen: Lieber unterwegs und rechtzeitig essen, als viel zu spät oder gar nichts essen!

Für Pendler und Frühaufsteher besteht die Möglichkeit, das Frühstück aufzuteilen: Essen Sie ein kleines Stück Brot oder ein Stück dunkles Gebäck mit Belag Ihrer Wahl vor der Abreise oder auch im Zug oder im Bus. Die Menge von ca. 20 bis 40 Gramm Brot (bzw. Kohenhydratquellen aller Art) würden dafür schon ausreichen. Den Rest ihres Frühstücks verzehren Sie, wenn Sie am Arbeitsplatz ankommen, auf der Uni oder in der Schule (Jause).

Für Nichtfrühstücker: Versuchen Sie ein paar Tage lang, bewusst abends weniger zu essen, und planen Sie ein Frühstück ein (Wecker früher stellen). Bauen Sie trotz früher Morgenstunde ein einfaches Frühstücksritual auf und beginnen Sie mit kleineren Mengen. Wundern Sie sich nicht, wenn Sie plötzlich mehr Hunger am Vormittag verspüren, das ist eine normale Reaktion des Hormonhaushaltes und Verdauungssystems. Bleiben Sie und auch Ihre Familie dran, und steigern Sie sukzessive auf eine normale und angenehme Frühstücksmenge. Der vormittägliche Hunger verschwindet – zumindest bis zum Mittagessen!

TEIL II

KINDERLEICHTE REZEPTE ZUR ANREGUNG

Frühstück

Frühstücksdrink
für besonders hartnäckige Morgenmuffel

ZUTATEN FÜR 1 PORTION

200 ml Milch (warm oder kalt)
70 g Erdbeeren
2 EL Hafermark
1 TL Honig

ZUBEREITUNG

Geben Sie alle Zutaten in eine Rührschüssel oder in eine Küchenmaschine und pürieren Sie den Inhalt. Um es Ihrem Kind noch schmackhafter zu machen, dekorieren Sie den Frühstücksdrink mit einem bunten Strohhalm.

MEMO

Echte Gesundmacher

Erdbeeren haben aufgrund ihres hohen Wassergehalts nur sehr wenig an Kalorien und enthalten mehr Vitamin C als Zitrusfrüchte. Besonders hoch sind auch der Gehalt an Folsäure und der Mineralstoffe Kalium, Eisen, Magnesium und Kalzium. Statt Erdbeeren ist auch jede andere Frucht möglich. Immer auf Regionalität und Saisonaltität achten (im Winter sind Erdbeeren nicht empfehlenswert).

Fruchtiges Porridge für ein gelungenes Familienfrühstück

ZUTATEN FÜR 4 PORTIONEN

200 g Haferflocken
200 g Dinkelflocken
4 EL Weizenkleie
1 l Milch (1,8 % Fett) oder mageres Joghurt
4 TL Zucker oder Zuckeralternativen (z.B. Birkenzucker)
je 1 EL Apfelspalten, Aprikosen, Zwetschken, Feigen
80 g Mandeln

ZUBEREITUNG

Die Flocken mit der Weizenkleie mischen und in eine Schüssel geben. Milch erwärmen (lippenwarm) und darübergießen. Zucker einrühren. Müsli ziehen lassen (mind. 20 Minuten; je länger, desto besser). Dörrobst fein schneiden, Mandeln hacken und unter das Müsli mischen.

TIPP

Wenn man nur ab und zu Milchprodukte verwendet, kann man für die Zubereitung auch Vollmilch bzw. Joghurt mit 3,6 % Fett nehmen.

Pikante Tomaten für einen zünftigen Tagesbeginn

ZUTATEN FÜR 4 PORTIONEN

3 Fleischtomaten
1 Knoblauchzehe
1 kleine Zwiebel
1 kleines Bund Petersilie
2 EL Olivenöl
Salz
schwarzer Pfeffer aus der Mühle

4 Scheiben Vollkornbrot

ZUBEREITUNG

1. Die Fleischtomaten mit heißem Wasser überbrühen, häuten, entkernen und in etwa 1 cm große Stücke schneiden. Die Knoblauchzehe sowie die Zwiebel schälen und fein hacken. Die Petersilie waschen und trocken schütteln. Die Blätter von den Stängeln zupfen und fein hacken.

2. Das Olivenöl in einer Pfanne erhitzen und den Knoblauch sowie die Zwiebel glasig anschwitzen. Die Tomaten einstreuen und unter Rühren einige Minuten dünsten. Mit Salz und Pfeffer würzen. Zuletzt die Petersilie unterziehen.

3. Mit Vollkornbrotscheiben servieren!

Himbeer-Drink mit Haferflocken für Leckermäuler

ZUTATEN FÜR 4 GLÄSER À 100 ML

200 g kleine süße Himbeeren
1 kleine Banane
1 EL Honig
150 g Magerjoghurt
3 EL Hafer- oder Dinkelflocken

ZUBEREITUNG

Die Himbeeren waschen und trocken tupfen. Die Banane schälen und klein schneiden. Alle Zutaten im Küchenmixer auf der höchsten Stufe pürieren. Eventuell einen Eiswürfel nach Belieben hinzufügen.

Heringssalat für einen guten Morgen danach

ZUTATEN FÜR 4 PORTIONEN

1 kleines Bund gemischte Kräuter
1 Essiggurke
1 Zwiebel
2 säuerliche Äpfel
300 g Heringsfilets
500 g Magertopfen (Magerquark)
150 g Magerjoghurt
2 EL Rote-Rüben-Saft
Salz
schwarzer Pfeffer aus der Mühle
1 Spritzer Zitronensaft
1 Bund Dill
4 Vollkornbrötchen

ZUBEREITUNG

1. Die Kräuter waschen und trocken schütteln. Die Blätter von den Stängeln zupfen und fein hacken. Die geschälte Zwiebel und die Essiggurke in kleine Würfel schneiden. Die gewaschenen Äpfel schälen, entkernen und in Stifte schneiden.

2. Die Heringsfilets unter fließendem kaltem Wasser waschen, mit Küchenpapier trocken tupfen und in kleine Stücke schneiden.

3. Den Topfen mit dem Joghurt und dem Rote-Rüben-Saft verrühren. Kräuter, Essiggurken, Zwiebel, Äpfel und Heringe unterrühren. Mit Salz, Pfeffer und Zitronensaft würzen.

4. Den Heringssalat in Portionsschalen verteilen und mit Dill anrichten. Dazu Vollkornbrötchen genießen.

Apfelkuchen
für einen genussvollen Start in den Feiertag

ZUTATEN FÜR 1 BACKBLECH

1 kg Äpfel
4 Eier
125 g Öl
125 ml Wasser
200 g Zucker oder Zuckeralternativen (z.B. Birkenzucker)
Mark von 1 Vanilleschote
1 EL Rum
Schale von 1 Bio-Zitrone
1 Prise Salz
220 g Weizen- oder Dinkelvollmehl
½ Pkg. Backpulver

ZUBEREITUNG

1. Backofen auf 160 °C vorheizen.

2. Äpfel schälen, halbieren, entkernen und in ½ cm dicke Scheiben schneiden. Mehl und Backpulver vermischen. Eier in Eigelb und Eiweiß trennen.

3. Öl, Wasser, Zucker, Vanillemark, Eigelb, Rum, abgeriebene Zitronenschale und Salz verrühren.

4. Eiweiß zu steifem Schnee schlagen. Mehl und Schnee unter die Eigelbmasse mischen. Teig auf dem gebutterten und bemehlten Backblech verteilen, Apfelscheiben darauflegen. Kuchen im Backofen (mittlere Schiene) 1 Stunde backen.

TIPP

Für einen feineren Geschmack vor dem Backen mit 100 g Nüssen und 1 TL Zimtpulver bestreuen.

DAS MITTAGESSEN

Mit einem Mahl zu Mittag wird der Körper rechtzeitig und adäquat versorgt, was die Leistungsfähigkeit fördert.

Die Hauptmahlzeit zum Energietanken

Ist die erste Tageshälfte vorbei, muss Energie nachgetankt werden, um für den Rest des Tages versorgt zu sein. Gerade die Mittagsmahlzeit ist die größte Herausforderung für Familien. Während der Schul- und Arbeitswoche ist es meist nicht möglich, sich um einen Tisch zu versammeln. Die Eltern essen, wenn überhaupt, am Arbeitsplatz, dabei scheint für die Mutter eine Portion Salat zu reichen. Die Kinder sind entweder im Kindergarten oder in der Schule versorgt. Gerne wird das Familienessen in die Abendstunden verlegt. Aber leider bleibt das nicht ohne Folgen. Dazu lesen Sie später im Kapitel Abendessen (siehe S. 113) mehr.

Mithilfe eines ausgewogenen Mittagessens vermeidet man eine Unterzuckerung und damit einen Konzentrationsabfall. Auch kann damit den gefährlichen Heißhungerattacken am Nachmittag vorgebeugt werden. Mit einem Mahl zu Mittag wird der Körper rechtzeitig und adäquat versorgt, was die Leistungsfähigkeit fördert. Regelmäßiges Essen zu Mittag lässt falsche Ernährungsgewohnheiten vermeiden, und das Gehirn darf kurz pausieren, um danach wieder voll leistungsfähig zu sein.

Aber Achtung: Isst man ein zu üppiges Mittagessen oder aber auch z. B. nur Rohkost, dann führt dies anstelle der gewünschten Effekte zu Ermüdung, Beschwerden des Verdauungssystems und zu anderen negativen Konsequenzen.

MEMO

Ich vergleiche einen Tag ohne Mittagessen gern mit einem **Marathonlauf** ohne Erfolgserlebnis: Wenn Sie an einem Marathonlauf teilnehmen, müssen Sie 42,195 Kilometer durchhalten. Um das überhaupt erst zu schaffen, müssen Sie sich gut vorbereiten und viel trainieren. Der Startschuss fällt, und Sie fühlen sich großartig. Sie fliegen förmlich und freuen sich über ihren guten Kilometerschnitt. Die Durchgangszeit bei Kilometer 15 ist beachtlich und um einiges schneller als erwartet, und Sie träumen schon von einer wirklich guten Zielzeit. Allerdings liegen noch über 27 Kilometer vor Ihnen. Bei Kilometer 20 spüren Sie schon, dass sie nun das Tempo etwas zügeln müssen, sind aber noch guter Dinge. Jedoch bleiben immer noch mehr als 20 Kilometer zu bewältigen. Bald beginnen Sie sich schlecht zu fühlen. Die Gedanken werden immer negativer, Sie müssen schwer kämpfen, um nicht aufzugeben. Die letzten zehn Kilometer ist Ihr Tempo deutlich langsamer als geplant und der einzige Gedanke ist jener ans Aufgeben. Sie quälen sich ins Ziel. Das Marathonerlebnis war alles andere als schön.

Was nun das Mittagessen betrifft, so sieht es damit so aus: Sie halten Diät, denn Sie möchten ihr Gewicht endlich in den Griff bekommen. Sehr motiviert essen Sie mittags Salat mit wenig Käse und einer dünnen Scheibe Brot. Sie fühlen sich satt und zufrieden und sind hoch motiviert, den Tag ernährungstechnisch wunderbar zu meistern. Ihr Wunschgewicht vor Augen, sind Sie beim Mittagstisch blind für andere leckere Speisen. Bereits eineinhalb bis zwei Stunden nach dem Mittagessen bekommen Sie etwas Hunger. Bald danach beginnen sich auch schon Ihre Gedanken rund ums Essen oder besser gesagt ums Nichtessen zu drehen. Sobald Sie Kollegen mit Essen erspähen, werden Sie ungemütlich und sogar böse auf diese Personen, kämpfen mit sich selbst, nicht zum Automaten zu laufen, um sich einen Schokoriegel oder auch gleich zwei zu kaufen. Sie überbrücken diesen Drang mit Kaffee und Tee. Ihr Kreislauf gerät etwas ins Wanken, und die Konzentration auf die Arbeit lässt nach. Sie fahren endlich nach Hause. Sie hatten zwar geplant, Mozzarella mit Tomaten zu Abend zu essen, doch das fällt ins Wasser, da Sie am Heimweg in der Pizzeria angerufen haben, um sich ein Wagenrad aus Weißmehl zu bestellen. Sie haben den ganzen Tag so brav durchgehalten, dass Sie sich nun scheinbar diese Pizza verdient haben. Oder?

Fazit – egal ob im Sport oder in der Ernährung: Wenn man einfach zu viel auf einmal erreichen möchte, dann geht der Schuss nach hinten los. Man sollte sich lieber nichts vormachen und sich keine falschen Vorstellungen davon machen, was tatsächlich möglich und vor allem sinnvoll ist. Das Energiesparen am falschen Platzt ist nicht immer und auf keinen Fall auf Dauer gut umsetzbar. Daher ist ein ausreichendes und ausgewogenes Mittagessen sehr wichtig. Und dies betrifft Erwachsene wie Kinder.

Alle müssen mittags essen

In diesem Kapitel möchte ich Ihnen Möglichkeiten aufzeigen, die Sie für sich selbst und Ihre Familie nutzen können, um mit dem Mittagessen eine Gewichtsreduktion zu unterstützen. Möchte man abnehmen, muss man eine negative Energiebilanz erreichen. Dies bedeutet, dass man weniger Energie zuführt, als man tatsächlich verbraucht. Macht man dies sinnvoll und richtig, spürt man die niedrigere Energiezufuhr kaum, dennoch kommt es zu einer sehr guten Gewichtsreduktion. Versucht man allerdings am falschen Platz einzusparen, dann wird man keinen nachhaltigen Erfolg erleben.

Für Sie, aber vor allem für Ihren Nachwuchs ist es von großer Bedeutung, dass die Ernährung nicht zum Leidensthema wird. Beim Mittagessen verhält es sich wie beim Frühstück: Es muss rechtzeitig und ausreichend zugeführt werden.

MITTAGESSEN NACH DER FIT10-METHODE

WOCHE 1–3

- **Salat** und/oder **Gemüse** (roh oder gekocht)
- **Obst** ist immer als Nachtisch erlaubt
- Mischkostmahlzeit aus **Eiweiß**, **Fett** und vor allem **Kohlenhydraten**

Meiden Sie:

- **Ketchup** (viel Zucker!), Senf ist jedoch erlaubt
- Üppige **Soßen** (Fertigsoßen – viel Zucker und Fett!)
- **Fertigdressings** (für den Salat nur Essig und Öl oder ein selbst gemachtes Joghurtdressing)
- **Dessert** nach dem Mittagessen

WOCHE 4–7

- Legen Sie einmal pro Woche einen **Obst-** und/oder **Gemüsetag** ein! An diesem Tag wird 5 x gegessen. Wer möchte, kann auch mit einem normalen Frühstück starten. Wenn möglich, den Obst-/Gemüsetag immer am gleichen Wochentag halten.
- Nach dem Mittagessen ist ein **Dessert** erlaubt
- **Ketchup** ist ab und zu wieder erlaubt.
- 250 bis 350 ml **Wasser** oder stilles Mineralwasser trinken

WOCHE 8–10

Gleich wie Woche 4–7

Das Mittagessen im Berufsalltag

Wenn eine Betriebsküche zur Verfügung steht, kann dies eine große Erleichterung im Alltag sein. Die Vorteile liegen klar auf der Hand, denn die Versorgung mit Nahrung erfolgt direkt im Betrieb, daher gibt es keine langen Wege, und die ideale Nutzung der Mittagspause ist gegeben: Zeit zum Essen. Das tägliche Kochen, damit der Einkauf und auch die Ideensuche fallen weg, was für Arbeitnehmer mit besonders langen Arbeitszeiten von Bedeutung ist. Die Nachteile liegen wohl darin, dass Geschmäcker nun einmal verschieden sind, und mit dem Angebot wird nicht immer der eigene Gusto getroffen.

Hat man keine Zeit vorzukochen, ist die Betriebsküche eine wunderbare Unterstützung für regelmäßige Ernährung und Gewichtsreduktion. Durch das Angebot mehrerer Speisen sind oftmals Abwechslung sowie auch sinnvolle Kombinationsmöglichkeiten gegeben. Diverse Zutaten, die man erfahrungsgemäß nicht verträgt oder generell ablehnt, kann man einfach meiden. Mit der wochenweisen Menüvorschau kann man sich im Vorfeld überlegen, an welchen Tagen man die Betriebsküche besucht, bzw. an welchen Tagen man Speisen von zu Hause mitbringt.

Auch wenn die Speisen – und daher auch das Gemüse – teilweise aus organisatorischen Gründen längere Zeit warm gehalten und damit diverse Nährstoffe reduziert werden, überwiegen die Vorteile der geregelten Mahlzeiten und der rechtzeitigen Energiezufuhr. Nicht die hohe Konzentration an wichtigen Vitaminen und Nährstoffen in einzelnen Zutaten bzw. Speisen ist für eine ausgewogene Ernährung von Bedeutung, sondern die regelmäßige Zufuhr.

MEMO

Belohnungsstrategie

Sie vereinbaren mit Ihrem Kind einen Vertrag. Jedes Mal, wenn Ihr Kind mittags in der Schule oder im Hort ausreichend gegessen hat (ist dies nicht der Fall, merken Sie das anhand des Heißhungers Ihres Kindes, oder Sie fragen bei den Betreuerinnen nach), bekommt es ein Smiley, einen lustigen Sticker oder was auch immer in einem selbstgebastelten Sammelpass. Hier gilt das gleiche Prinzip wie beim Erlernen, richtig zu frühstücken.

Das Mittagessen im Schul- und Kindergartenalltag

Besucht ihr Kind einen Ganztagskindergarten oder eine Ganztagsschule oder isst Ihr Kind in einem Hort, so sollten Sie auf Folgendes achten:

- Versuchen Sie, das Gemeinschaftsessen positiv mit Ihrem Kind zu besprechen. Wenn Sie selbst zu viel Kritik üben, wird Ihr Kind das Essen von vornherein ablehnen. Gibt es Ihrer Meinung nach Probleme mit den Mahlzeiten, dann versuchen Sie, das Problem mit dem zuständigen Personal zu klären, jedoch ohne Beisein Ihres Kindes.
- Erklären Sie Ihrem Kind die Bedeutung der Einnahme einer Mittagsmahlzeit, auch wenn sie nicht immer so geschmackvoll wie zu Hause ist.
- Erlauben Sie Ihrem Kind nicht von vornherein, die angebotenen Menüs nicht essen zu müssen, und stellen dann im Gegenzug sogar eine Leibspeise für den Abend in Aussicht.

Lehnt Ihr Kind permanent das Mittagessen ab und ist dadurch in der Tagesmitte unterversorgt, kann dies Übergewicht fördern bzw. eine Abnahme verhindern, denn das Essverhalten verändert sich nachteilig, und es kommt eher zu Heißhungerattacken später am Tag.

Die Hauptenergieaufnahme am Abend ist zu viel, der Körper beginnt vermehrt Fett einzulagern. Ihr Kind wird auch erschöpft aufstehen und keine Lust aufs Frühstück haben. Es beginnt ein Teufelskreislauf, den Sie mit etwas Geduld und Erziehung verhindern können.

MEMO

Die Bioverfügbarkeit

Der Körper reguliert die Nährstoffaufnahme, die Bioverfügbarkeit, nach Bedarf. Sie hängt vom Bedarf des jeweiligen Nährstoffes ab, der vom System besonders effizient aufgenommen wird, auch aus nährstoffarmen Lebensmitteln (daher ist auch die regelmäßige Ernährung so wichtig). Ist hingegen der Bedarf gedeckt, sinkt die Bioverfügbarkeit – die Aufnahme hochkonzentrierter Vitaminbomben führt zu einer Mehrbelastung für Leber und Nieren.

Einmal mit allem bitte!

Unabhängig davon, wo Sie oder Ihre Familie mittags essen, die Zusammenstellung soll stets passen und bleibt immer dieselbe:

Kohlenhydrate + Eiweiß + Fett + Gemüse = Mittagessen à la fit10

Jeder Leser, der fit10 kennengelernt hat, weiß bereits über die Zusammenstellung einer richtigen Mittagsmahlzeit Bescheid. Vermutlich hat der eine oder andere Leser sogar seinen persönlichen fit10-Plan bereits umgesetzt. Eine ausgewogene Mischkostmahlzeit ist für die Mittagszeit normal und ideal. Die Aufteilung ist wichtig und gilt für Jung und Alt. Teilt man seinen Mittagsteller in sechs Teile, wäre folgende Aufteilung sinnvoll:

› 3 Teile Kohlenhydrate
› 2 Teile Gemüse
› 1 Teil Eiweiß
› (Fett ist in irgendeiner Form meist dabei)

Kinder sollten ebenfalls in dieser Aufteilung essen, allerdings sollte man das etwas flexibel sehen, um jeglichen Stress mit dem Essen zu meiden. Wichtig: Mittags immer ausreichend Kohlenhydrate und auch das Eiweiß nicht vergessen.

Isst Ihr Kind sehr große Portionen oder holt es sich gern einen Nachschlag, dann versuchen Sie bitte folgende Tricks:

› Verwenden Sie einen kleineren Teller, dadurch sieht die Portion größer aus.
› Machen Sie die erste Portion kleiner, damit eine zweite möglich ist.
› Bieten Sie einfache kalorienarme Vorspeisen an:
› einen Rohkostteller mit ein paar Nüssen oder Sonnenblumenkernen kindgerecht angerichtet.
› eine Gemüsecremesuppe (z. B. Zucchini oder jede andere Gemüsesorte waschen, schneiden, mit Wasser aufgießen, ca. 15 Minuten kochen, würzen, etwas Sauerrahm dazu, pürieren)
› eine klare Suppe mit etwas Einlage
› Versuchen Sie, Ihr Kind nicht zu loben, wenn es weniger gegessen oder wenn es aufgegessen hat.
› Ihr Kind sollte beim Essen nicht durch Fernsehen, Spiele u. a. abgelenkt werden. Achten Sie darauf, dass Ihr Kind die Mahlzeit in Ruhe und eher langsam einnimmt. Das Kauen muss nicht gezählt werden, aber es sollte doch ausreichend gekaut werden.

Sie müssen für Ihr Kind die Mengen nicht abwiegen, aber bedenken Sie, dass Ihr Kind keine Erwachsenenportion benötigt. Ist Ihr Kind bereits über zwölf Jahre alt, müssen Sie natürlich auf eine ausreichende Menge achten. Viel zu viel ist genauso schlecht, wie viel zu wenig. Die Menge an Reis oder Nudeln im gekochten Zustand kann bei einem zwölfjährigen Buben oder Mädchen bei ca. 160 bis 200 Gramm liegen. Da Kinder unterschiedlich schnell wachsen und alles wirklich sehr vom tatsächlichen Alter abhängt, ist es schwierig, allgemeine Mengenempfehlungen in diesem Buch zu machen.

In der Gemeinschaftsverpflegung gibt es vorgegebene Richtlinien für die Zusammenstellung der Mahlzeiten. Vermutlich empfinden Sie die eine oder andere Speise als unangebracht in der Schul- oder Kindergartenverpflegung. Aber wenn Sie Ihr Kind grundsätzlich gut versorgen und aufklären, dann spielt dies eine untergeordnete Rolle. Viel mehr entscheidend für einen Erfolg einer Gewichtsreduktion sind die Mahlzeiten, die Sie kontrollieren und zusammenstellen können: das Frühstück, die Jause und das Abendessen.

MEMO

Zur Mittagszeit:

- Betriebsküche nutzen, wenn die Möglichkeit besteht
- Vorgekochte Speisen von zu Hause mitnehmen
- Mittagessen bzw. einen Snack zur Überbrückung bis zum Mittagessen einplanen
- Ist ein großes Abendessen geplant, kann man mittags einen Snack essen. Dies sollte aber die Ausnahme bleiben.
- Auf gute Beilagen achten: ausreichend Kohlenhydrate (Reis, Nudeln, Kartoffeln etc.) essen.
- Eiweiß nicht vergessen!
- Rechtzeitig essen

Zu Mittag kalt oder warm?

Warmes Essen bietet mehr Möglichkeiten und mehr Abwechslung. Außerdem wird es leichter verdaut und wirkt daher nicht so belastend. Aber manchmal geht sich eine warme Mahlzeit aus Termingründen nicht aus, oder man hat z. B. im Sommer keine Lust auf eine warme Mahlzeit. Wenn der Schulunterricht bis in den späten Nachmittag dauert, dann kann und muss eine kalte Mittagsjause mitgegeben werden. Kein Grund zur Sorge, es spielt also keine Rolle ob kaltes oder warmes Mittagessen. Solange die Aufteilung weiterhin stimmt, ist die Versorgung gewährleistet und eine Gewichtsabnahme möglich.

Vorteile einer warmen Mahlzeit zu Mittag:

- Bei Beschwerden des Verdauungstraktes, insbesondere des Magens (Gastritis). Betriebs- oder Schulküche ermöglichen warme Mahlzeiten und so mehr Abwechslung im Ernährungsalltag.
- Wenn man am späteren Nachmittag oder abends noch eine sportliche Tätigkeit ausübt.

Vorteile einer kalten Mahlzeit zu Mittag:

- Wenn keine Zeit zum Vorkochen war oder die Betriebs- bzw. Schulküche nichts Passendes anbietet.
- Wenn nur wenig Zeit bleibt, um eine Mittagsmahlzeit einzunehmen.
- Wenn man unterwegs ist aufgrund von beruflichen Außenterminen, Familienausflügen etc.
- Wenn ein besonderes Abendessen (privat, beruflich) geplant ist.

Macht warmes Essen zu Mittag tatsächlich müde?

Nein! Die Müdigkeit zu Mittag kann mehrere Gründe haben: Jeder Mensch hat seinen Biorhythmus. Bei gewöhnlichen Arbeitszeiten (kein Schichtwechsel, Nachtarbeit etc.) steigt die Leistungskurve in den Morgenstunden an, fällt über mittags ab, um am Nachmittag erneut anzusteigen. Ein natürlicher Verlauf.

Was wirklich müde macht:

- Ein schweres Mittagessen wie panierte Speisen (Schnitzel), Pommes frites, Berner Würstel, üppige Soßen, etc.
- Ein unausgewogenes Mittagessen: z. B. nur eine Portion Suppe, dafür aber eine üppige Nachspeise (Schokolade, Kuchen etc.)
- Eine zu große Portion

- Wenn das Mittagessen die erste Mahlzeit am Tag ist: Der Blutzucker- und Insulinhaushalt gerät aus den Fugen, denn aus der Unterzuckerung folgt eine Überzuckerung und anschließend schnell wieder eine Unterzuckerung – und genau das macht dann müde!

Der ideale Zeitpunkt für das Mittagessen

Gerade wenn man berufstätig ist, zur Schule oder auf die Hochschule geht, kann es immer wieder vorkommen, dass man das Mittagessen verschieben muss, man nicht immer dieselbe Zeit einhalten kann. Das ist überhaupt kein Problem, wenn man darauf vorbereitet ist. Allgemein ist es empfehlenswert, spätestens vier bis sechs Stunden nach dem Frühstück ein Mittagessen einzunehmen. Ist der Abstand nur drei Stunden oder weniger spielt das keine Rolle. Sehr ungünstig wirkt sich allerdings eine zu lange Nahrungskarenz aus, da es so zur Unterzuckerung kommt und damit die Leistungsfähigkeit nachlässt. Außerdem führt dies in weiterer Folge zu Heißhungerattacken, erhöhter Fetteinlagerung, aber auch Anfälligkeit für Kopfschmerzen.

Sitzungen, Termine, Schulunterricht und andere Arbeitsprozesse, die eine regelmäßige Mittagsmahlzeit unmöglich machen, sind für viele Berufstätige und Schüler der Alltag. Hier ist es von Bedeutung, gut organisiert zu sein. Dazu gibt es mehrere Möglichkeiten, wie zum Beispiel einen Snack zu essen, eine sinnvolle Kleinigkeit zwischendurch, um fit zu bleiben: Nüsse, Sonnenblumenkerne, Reiswaffeln, Knäckebrot, auch angebotene klassische Häppchen bei längeren Besprechungen. Dazu sollte man so bald wie möglich die Mittagsmahlzeit nachholen und nicht bis zum Abendessen mit der Nahrungsaufnahme warten.

MEMO

Wenn man schon im Vorhinein weiß, dass sich das Mittagessen nicht rechtzeitig ausgeht, dann kann man während fit10 und auch danach gerne die **Frühstücksmenge** auf **zwei getrennte Mahlzeiten** aufteilen. Allerdings sollte die Nahrungsaufnahme innerhalb von zwei Stunden erfolgen. So kann man das Mittagessen um zwei Stunden verschieben.

Wie löst man sinnvoll die Situation zu Mittag?

Sind Mahlzeiten geplant und organisiert, ist der Aufwand gering und der Effekt groß. Mit der Zeit kommt die Routine, die für alle zur Selbstverständlichkeit wird.

Möchten Sie, dass Ihr Kind sein Übergewicht loswird, dann müssen Sie ihm dabei helfen und entsprechende Mahlzeiten organisieren bzw. zubereiten. Gehen Sie motivierend und vor allem aufklärend mit ihm um. Ab einem gewissen Alter kann Ihr Kind sinnvolle Regeln nachvollziehen. Arbeiten Sie nicht mit Verboten, sondern mit Vertrauen und vor allem mit gutem Ernährungsangebot. So können Sie für sich selbst und Ihre Familie eine gute Basis für einen nachhaltigen Erfolg schaffen. Beachten Sie aber bitte, Ihr Kind über die jeweilige Mittagssituation zu informieren und vorzubereiten. Besprechen Sie täglich die Mittagsmahlzeit, die Ihr Kind allein zu sich nehmen soll. Ihr Kind braucht auch in der Ernährung klare Regeln. Wenn es selbst den Wunsch einer Gewichtsreduktion hat, dann ist es für einfache Regeln dankbar.

MITTAGSSITUATION I

Eltern sind berufstätig, der Nachwuchs ist bereits gegen 14 Uhr oder früher allein zu Hause

› Es gibt vorbereitetes, portioniertes Mittagessen im Kühlschrank. Ihre Kinder sind mit dem Aufwärmen vertraut. Sie wurden entsprechend instruiert und wissen, was sie zu tun haben.

› Sie hatten keine Zeit zum Vorkochen. Aber es gibt Brot, Wurst und Käse sowie etwas Rohkost. Sie telefonieren mit Ihrem Nachwuchs und vermitteln ihm, was er essen soll. Und stellen eine warme (kleine) Abendmahlzeit in Aussicht. Kinder mögen warmes Essen.

Die Mutter ist mittags zu Hause, Nachwuchs und Vater kommen zu jeweils unterschiedlichen Zeiten nach Hause

› Sie können wohl allein zu Ihrer Mittagszeit essen. Wenn Sie nach fit10 abnehmen möchten, sollten Sie nicht mehr als sechs Stunden zwischen den Mahlzeiten vergehen lassen. Setzen Sie sich dann einfach zu Ihrem Kind dazu, sollte es später essen. Da Ihr Kind eine Jause gegessen hat, spielt es keine Rolle, wenn das Mittagessen etwas später stattfindet.

› Sie können das frisch gekochte Essen am nächsten Tag in die Arbeit mitnehmen und auch Ihrem Partner mitgeben, wenn er auch abnehmen möchte und vor allem auch die Möglichkeit hat, Speisen aufzuwärmen.

Es gibt weder Betriebs- noch Schulküche, und kein Familienmitglied kommt vor 16 Uhr nach Hause

› Ihr Kind sollte eine entsprechende Mittagsjause (siehe S. 75) mitbekommen, also neben der Vormittagsjause noch ein Lunchpaket, damit es nicht ausgehungert nach Hause kommt und dann zu viel isst. Nudelsalat, Couscoussalat, aber auch Porridge wären in entsprechenden Plastikboxen transportfähig. Erlauben Sie Ihrem Kind, in den großen Pausen ab und zu essen zu gehen. Wenn Ihr Kind abnehmen möchte und Sie Ihr Kind gut aufgeklärt haben, wird es die richtige Auswahl treffen. Und selbst wenn es einmal ein Fast-Food-Restaurant besucht, solange ihr Kind die anderen Mahlzeiten gut umsetzt, spielt das keine Rolle. Nehmen Sie den Druck heraus, und bleiben Sie dennoch konsequent.

› Entweder Sie nehmen Mahlzeiten von zu Hause mit oder Sie gehen mittags essen. Es findet sich leicht eine passende Mahlzeit à la fit10. Auch ist ab und zu eine Bohnensuppe aus der Dose (mit Brot und etwas Rohkost aufgewertet) kein Problem. Hauptsache ist, Sie essen mittags ausreichend und vor allem rechtzeitig.

Einfache Speisen für mittags zum Selbermachen und Vorbereiten

- Reisfleisch
- Paprikahuhn mit Nockerln oder Nudeln: lässt sich wunderbar vorkochen, portionieren und einfrieren.
- Schinkenfleckerln oder Krautfleckerln kann man rasch am Vorabend vorkochen. Bei Krautfleckerln sollte man noch eine Eiweißquelle wie z. B. Joghurt als Nachtisch essen.
- Sämtliche Salatvariationen: Nudelsalat, Reissalat, Couscoussalat (mit Gemüse der Saison und Schinken, Käse, Tofu oder auch Fleisch)
- Milchreis mit Kompott, Grießkoch oder Porridge (kann man alles auch kalt verzehren)
- Suppen aller Art: Gemüsesuppe (ideal dazu ein Brot mit Käse), Nudelsuppe mit Fleisch und Gemüseeinlage (Hühnersuppe, Rindsuppe), Misosuppe mit Tofu und Reisnudeln.
- Und jede andere Speise, die Sie zu Hause gekocht haben und sich gut mitnehmen lässt.
- Kartoffeln können in einem Mikrowellengeschirr, wenn sie zuvor mit einer Gabel etwas eingestochen wurden, innerhalb von fünf Minuten bei 600 Watt fertig gegart werden. Dazu ein Joghurtdressing (Joghurt mit Schnittlauch und Salz verrühren). Das verschafft eine schnelle, aber geschmackvolle Mittagsmahlzeit. Und Ihr Kind fühlt sich besonders toll, weil es sogar selbst gekocht hat. Und keine Sorge – ab und zu Kartoffeln in der Mikrowelle gegart sind weit gesünder als eine Tiefkühlpizza.

KINDERLEICHTE REZEPTE ZUR ANREGUNG

Mittagessen

Mangoldsuppe mit Semmelknödeln für Traditionsbewusste

ZUTATEN FÜR 4 PORTIONEN

Für die Knödel:

140 g Sauerrahm (saure Sahne)

2 Eier

240 g entrindetes Toastbrot

4 eingelegte Shrimps zum Dekorieren

Für die Suppe:

600 g frischer Mangold

1 große Zwiebel

2 Knoblauchzehen

2 EL Butter

1 l Gemüsesuppe (Bio-Gemüsebouillon)

4 EL Sauerrahm (saure Sahne)

2 TL glattes Mehl

4 hartgekochte Eier

Salz, Pfeffer, Muskatnuss

ZUBEREITUNG

1. Toastbrot zerkleinern (Blitzhacker). Rahm mit Ei, Salz, Pfeffer und abgeriebener Muskatnuss verrühren, dann die Toastbrotbrösel einrühren. Masse abschmecken und für ca. 1 Stunde in den Kühlschrank stellen.

2. Aus der Masse kleine Knödel formen. Salzwasser aufkochen, Knödel darin unter dem Siedepunkt gar ziehen lassen (ca. 10 Minuten).

3. Für die Suppe Mangold putzen, gründlich waschen und fein schneiden. Zwiebel und Knoblauch schälen, fein schneiden und in der Butter anschwitzen. Mangold zugeben und anschwitzen (ca. 2 Minuten). Suppe zugießen und ca. 5 Minuten köcheln lassen.

4. Rahm mit Mehl glatt rühren und in die Suppe rühren. Suppe mit Salz, Pfeffer und geriebener Muskatnuss abschmecken und noch 2 Minuten köcheln lassen. Mit den Knödeln als Einlage anrichten und mit den Shrimps dekorieren.

TIPP Diese Suppe eignet sich auch als eigenständiges Abendessen.

Forelle-Gemüse-Nudeln
für den feinen Gaumen

ZUTATEN FÜR 4 PORTIONEN

500 g Forellenfilet (entgrätet)
8 dünne Scheiben Rohschinken
400 g Bandnudeln
400 g feine Gemüsestreifen, z. B. Zucchini, Karotten, Gelbe Rüben, Sellerie
4 EL Kaffeeobers (Kaffeesahne) oder Sauerrahm (saure Sahne)
4 TL Pesto (am besten selbst gemacht, siehe S. 91)
Salz, Pfeffer
Öl zum Braten

ZUBEREITUNG

1. Forellenfilets in 8 Stücke schneiden, leicht plattieren, in den Rohschinken einwickeln und zum Braten bereitstellen.

2. Gemüsestreifen in Salzwasser kurz überkochen, kalt abschrecken und abtropfen lassen. Nudeln in Salzwasser al dente kochen und abtropfen lassen.

3. Fisch in einer beschichteten Pfanne in Öl beidseitig rasch knusprig braten. Nudeln, Gemüsestreifen und Obers vermischen, salzen, pfeffern, erwärmen und auf vorgewärmten Tellern verteilen.

4. Fisch darauf anrichten. Mit Pesto verfeinern.

Pesto

ZUTATEN ERGEBEN 100 ML

40 ml Olivenöl
2 EL Parmesan, gerieben
2 Bund Basilikum
10 g Pinienkerne
2 Knoblauchzehen
Salz, Pfeffer

ZUBEREITUNG

Alle Zutaten zu einer cremigen Paste mixen (Küchenmaschine) und abschmecken.

Huhn-Ananas-Reis für ein lustiges Geschmacksexperiment

ZUTATEN FÜR 4 PORTIONEN

8 Frühlingszwiebeln
400 g Parboiled-Reis
500 g Hühnerfilets
4 TL Rapsöl
900 ml Hühnerbrühe
600 g Ananasstücke (frisch oder aus der Dose)
1 Bund Petersilie
Salz, Pfeffer

ZUBEREITUNG

1. Den weißen Teil der Frühlingszwiebeln in Würfel, den grünen Teil in feine Ringe schneiden. Hühnerfilets ebenfalls in Würfel schneiden. Zwiebeln in Öl anschwitzen, Reis einrühren und glasig anschwitzen.

2. Hühnerfilets zugeben und rundum kurz anbraten. Suppe zugießen und aufkochen lassen.

3. Reis bei schwacher Hitze zugedeckt dünsten (ca. 20 Minuten).

4. Petersilie abzupfen und fein hacken. Petersilie, Ananas und Zwiebelringe untermischen.

Putenspieße
mit Paprika-Kiwi-Dip zum Mitkochen für Ihren Dreikäsehoch

ZUTATEN FÜR 4 PORTIONEN

Für den Dip
2 saftige Kiwis
150 g Magerjoghurt
1 TL Paprikapulver, edelsüß
2 EL Sojasauce
Salz
schwarzer Pfeffer aus der Mühle

Für die Spieße
500 g Putenbrust
2 EL Pflanzenöl
1 TL Koriander, grob geschrotet
einige Minzeblättchen zum Garnieren

Außerdem 8 (Holz-)Schaschlikspieße
Couscous als Kohlenhydratquelle

ZUBEREITUNG

1. Für den Dip die Kiwis schälen und zusammen mit dem Joghurt fein pürieren. Mit Paprikapulver, Sojasauce, Salz und Pfeffer würzen.

2. Das Putenfleisch in hauchdünne längliche Streifen schneiden und auf Spieße stecken. Rundum mit Salz, Pfeffer und Koriander würzen.

3. Das Pflanzenöl in einer Pfanne erhitzen und die Spieße rundum 3–4 Minuten braten. Aus der Pfanne nehmen und auf Küchenpapier abtropfen lassen.

4. Auf einer Platte servieren. Mit Minzeblättchen garnieren. Dazu den Dip und eine reichliche Portion Couscous reichen.

TIPP

Lassen Sie Ihren **Nachwuchs** mithelfen! Fleischstücke auf Spieße stecken ist ein besonderer Spaß und schenkt Vertrauen in Selbstgemachtes.

Reisauflauf mit Apfelkompott für ein süßes Vergnügen

ZUTATEN FÜR 4 PORTIONEN

Für den Reisauflauf

400 g Rundkornreis

1 l Milch

100 g Zucker oder Zuckeralternativen

Mark von 1 Vanilleschote

1 Prise Salz

120 g Butter

6 Eier

Schale von 2 Bio-Zitronen

Butter

Für das Apfelkompott

8 säuerliche Äpfel

4 Gewürznelken

3 cm Zimtrinde

2 EL Zucker oder Ahornsirup

nach Geschmack

Schale von 1 Bio-Zitrone

ZUBEREITUNG

1. Für den Reisauflauf Reis abspülen und abtropfen lassen. Milch mit Reis, Zucker, Vanille und Salz zustellen. Reis bei geringer Hitze weich kochen. Wenn der Reis gut bissfest ist, Butter einrühren. Reis in einer Schüssel auskühlen lassen (evtl. Wasserbad). Backofen auf 180 °C vorheizen.

2. Inzwischen für das Apfelkompott Äpfel schälen, halbieren und das Kerngehäuse ausschneiden. Äpfel in schmale Spalten schneiden, mit kaltem Wasser bedecken, Zucker, Nelken, Zimtrinde und die dünn abgehobene Zitronenschale zugeben. Kompott aufkochen lassen, zudecken und Topf vom Herd ziehen. Äpfel zugedeckt gar ziehen lassen. Gewürze entfernen, Kompott kalt stellen.

3. Eier in Eigelb und Eiweiß trennen. Eigelb und abgeriebene Zitronenschale in den Reis rühren. Eiweiß zu festem Schnee schlagen, ein Drittel unter den Reis rühren, restlichen Schnee vorsichtig unterheben.

4. Eine Backform dünn mit Butter ausstreichen, Reis einfüllen und ca. 40 Minuten im Ofen backen.

Tomatenrisotto
für ein Italienfeeling

ZUTATEN FÜR 4 PORTIONEN

2 mittelgroße Zwiebeln
4 TL Butter
400 g Risottoreis
800 g geschälte Tomaten
Ca. 1 l heiße Gemüsesuppe (Bio-Gemüsebouillon)
1 Bund Basilikum
1 Bund Thymian
400 g Schafskäse
100 g schwarze Kalamata-Oliven
Salz, Pfeffer

ZUBEREITUNG

1. Zwiebeln schälen, klein schneiden und in der Butter hell anschwitzen. Reis einrühren und glasig anschwitzen. Tomaten mitsamt dem Saft einrühren und unter Rühren köcheln lassen, bis die Flüssigkeit fast verdampft ist. Heiße Suppe in kleinen Portionen nach und nach zugießen und unter Rühren immer wieder fast zur Gänze verdampfen lassen. Nach ca. 30 Minuten sollte der Reis bissfest sein. Reis mit Salz und Pfeffer abschmecken.

2. Schafskäse in kleine Stücke brechen, Basilikum abzupfen und fein schneiden. Thymianblättchen fein hacken. Alles unter den Reis mischen. Risotto anrichten und mit den Oliven dekorieren.

TIPP

Zu dieser vollwertigen fit10-Mahlzeit isst man als Beilage am besten eine große Portion grüne Blattsalate.

Waldbeeren-Eiscreme
für den Nachtisch zu Mittag

ZUTATEN FÜR 4 PORTIONEN

250 g tiefgekühlte Waldbeeren
1–2 EL Ahornsirup
300 ml Buttermilch (gesäuerte Milch; 1 % Fett)

ZUBEREITUNG

Früchte mit Zucker ganz kurz mit dem Mixstab fein hacken. Buttermilch zugeben und kurz durchmixen. In einem hohen Glas angerichtet und mit einem lustigen Schirmchen serviert, ergibt dieses schnelle Dessert eine gesunde Alternative zu jedem Fertigprodukt.

TIPP

Pflücken Sie nach Möglichkeit die Früchte mit Ihren Kindern zur gegebenen Jahreszeit selbst und frieren Sie sie mithilfe des Nachwuchses ein. Sie werden sehen, dass sich Ihre Lieben dann besonders über diesen Nachtisch freuen werden.

SNACKS

Vollwertige und das Ernährungsgleichgewicht nicht belastende kleine Mahlzeiten zwischendurch sind vor allem für Kinder und Jugendliche wichtig. Aber auch Erwachsene benötigen ab und zu eine Zwischenmahlzeit.

Die kleine Mahlzeit für zwischendurch

Beginnt der Arbeits- oder Schulalltag bereits sehr früh am Morgen, kann ein Snack zwischendurch notwendig werden, um eine Gewichtsabnahme zu unterstützen. Frühstückt man bereits sehr zeitig am Morgen und isst erst gegen zwölf oder später zu Mittag, führt dieser zu lange Abstand zwischen den Mahlzeiten zur Unterzuckerung im Blutkreislauf (siehe S. 104), was sich ungünstig auf die Fettverbrennung und das Essverhalten auswirkt. Auch wenn man weiß, dass aufgrund des Tagesablaufes das Mittagessen sechs Stunden nach dem Frühstück nicht möglich ist, sollte man eine Mahlzeit zwischendurch zu sich nehmen.

Ernährungserziehung ist gerade in der heutigen Zeit sehr anstrengend, weil Essen ständig präsent ist. Aber wenn Sie für sich und Ihre Familie klare Regeln schaffen – und das dürfen Sie, man nennt es auch Erziehung –, dann wird Ihr Kind sie akzeptieren und verstehen, und Sie haben weniger Stress. Abgesehen davon, wird Essen auf diese Weise nicht zum Problem gemacht.

Snacks für den Vor- oder Nachmittag

Für Erwachsene

- Nüsse, ungesalzen, nicht geröstet, jede Sorte, vier bis fünf Stück.
- Ein kleines belegtes Brot, ca. 40 Gramm, Belag nach Wahl. Dieser Snack ist wichtig, wenn sich das Mittagessen nicht rechtzeitig ausgeht oder wenn z. B. durch eine sportliche Betätigung das Abendessen verspätet stattfindet.
- Ein Joghurt natur (1 % oder 3,6 %), Buttermilch oder Milch: ca. 200 bis 250 Gramm, zur Überbrückung von ca. einer Stunde bis zur Mittags- oder Abendmahlzeit.

Für Schüler und Jugendliche

- Belegtes Brot oder dunkles Gebäck (mit Wurst, Schinken oder Käse).
- Ab und zu ist auch eine Semmel oder ein anderes helles Gebäck kein Problem. Besser eine kontrollierte Jause als unkontrolliertes Junkfood.
- Obst – für Kinder und Jugendliche ist eine Obstjause kein Problem, solange die anderen Mahlzeiten ausgewogen sind.
- Joghurt oder ein anderes Milchprodukt.
- Sowie alle Vorschläge, die unter dem Absatz »Für Erwachsene« zu finden sind.

MEMO

Für **junge Erwachsene,** die ihr Gewicht korrigieren möchten, ist eine Zwischenmahlzeit von großer Bedeutung. Leider empfinden junge Menschen das Weglassen eines Imbisses als positiven Schritt zur Gewichtsreduktion. Auch wird es als unangenehm empfunden, wenn man als Übergewichtiger vor seinen Schulkollegen isst. Jedoch ist es für Ihr Kind unglaublich wichtig, rechtzeitig und auch ausreichend Nahrung aufzunehmen. Nur so kann der Stoffwechsel aktiv bleiben bzw. werden, und falsche Essgewohnheiten bleiben aus. Wie schon im Kapitel über das Frühstück beschrieben, eskaliert das Sparen am falschen Platz in Heißhungerattacken. Damit kommt es zu hohem Konsum kalorienreicher jedoch nährstoffarmer Lebensmittel.

Für Kleinkinder bis zum sechsten Lebensjahr

- Kleinkinder sollten grundsätzlich Zwischenmahlzeiten bekommen. Der Magen ist noch um einiges kleiner, sodass die Portionsgrößen entsprechend ausfallen sollten. Daher entspricht eine Portion Obst einer Handvoll, allerdings zählt die **Handgröße Ihres Kindes.** Zu viel Obst enthält zu viel Fruktose und nimmt den Appetit für die Mittagsmahlzeit.
- Milchprodukte (Joghurt, Buttermilch, Milch): ca. 100 bis 150 Gramm
- Dunkles Brot, ca. 30 Gramm, mit etwas Butter, Schnittlauch
- Trockenfrüchte: Eine (Kinder-)Handvoll

MEMO

- **Keine Puddings** (ist süßer Nachtisch, keine Jause)
- Süße **Naschjoghurts** mit Schokoflakes etc. eher selten
- **Kinderkekse** & Co. sind nicht wirklich notwendig, aber ab und zu kein Problem.
- **Salzgebäck** in kleinen Mengen, in begrenztem Zeitrahmen und ohne freien Zugang
- **Keine Süßigkeiten zwischendurch**

Die Fast-Food-Falle

Leider ist eine klassische Jause wie belegte Brote, etwas Rohkost und Obst nicht immer sehr beliebt bei Jugendlichen und wird daher oft verweigert, landet im Müll oder wieder zu Hause. Aber wenn Jugendliche bereits übergewichtig sind, ist es wichtig, zu den richtigen Zutaten zu greifen. Wird zwischendurch häufig auf Junkfood (Burger & Co.) zurückgegriffen, dann wirkt sich dies nicht nur auf das allgemeine Essverhalten ungünstig aus, sondern vor allem auf die Fettreserven im Körper. Durch die negative Wirkung von Junkfood auf das Nahrungsgleichgewicht kommt es zu einer starken Fetteinlagerung im ganzen Körper, vor allem im Bauchraum. Dort ist sie besonders ungünstig, da dadurch die Durchblutung der inneren Organe (Leber, Herz, Darm etc.) belastet wird und es zu gesundheitlichen Problemen führen kann: Bluthochdruck, Hypercholesterinämie, Gallensteine, Gicht etc.

Fast-Food-Restaurants muss man nicht verbieten, aber man sollte sie auch keinesfalls als etwas Besonderes darstellen: »Ausnahmsweise gehen wir heute zu McDonald's!« Solche Äußerungen machen den Besuch zu etwas Erstrebenswertem. Da Fast-Food-Ketten einseitige Ernährung anbieten, ist genau das Gegenteil der Fall. Zu allem Überfluss muss man sich auch noch selbst bedienen, isst aus Papier bzw. von einem Plastiktablett und ist auch aufgefordert, seinen Müll selbst wegzuräumen. Was ist daran erstrebenswert? Warum aber lieben Kinder und Jugendliche Fast Food? Haben Sie sich schon einmal ernsthaft diese Frage gestellt? Es gibt dafür eine sehr einfache Erklärung: Sie werden nie enttäuscht. Die Burger schmecken immer gleich. Jugendliche wissen genau, wenn sie diesen oder jenen Burger auswählen, dann haben sie ein bestimmtes Geschmackserlebnis. Keine Überraschungen, keine Enttäuschungen, einfach nur Gewohnheit.

Meine selbstgekochten Speisen schmecken ehrlicherweise nicht immer gleich, obwohl ich doch immer dieselben Rezepte verwende. In einem Fast-Food-Restaurant passiert das nicht.

Die Zuckerfalle

Neben Fast Food sind Süßigkeiten der beliebteste Snack. Aber leider handelt es sich so wie bei Junkfood auch hier um äußerst ungünstig zusammengestellte Nahrung. Isst man Süßes zwischendurch – entweder aufgrund von Hunger oder aus Langeweile, aber auch zur Belohnung –, dann wird damit ein sehr steiler Blutzuckeranstieg mit sehr hoher Insulinfreisetzung ausgelöst. Ein Blutzuckerabsturz ist die Folge. Dieser Absturz führt meist dazu, dass man wiederum mehr Gusto auf Süßes bekommt. Außerdem begünstigt die dadurch entstehende Physiologie im Körper dieselbe Reaktion wie Fast Food, nämlich Fetteinlagerung.

Hier ein Experiment, um zu zeigen, wie schnell man in die Zuckerfalle tappen kann: Ein Proband, der absolut keine Süßigkeiten mag, steht im Mittelpunkt dieses Experiments. Er hat kein Bedürfnis, regelmäßig Süßes zu konsumieren. Dieser Proband wird zu Freunden eingeladen, und es wird ein unterhaltsamer Abend – ohne Essen, getrunken wird Wasser. Der Proband wird hungrig, und es wird ihm ein Stück Kuchen angeboten. Da er aber keine Süßigkeiten mag, lehnt er ab. Der Hunger steigt. Mit der Zeit wird der Proband müde und möchte nach Hause. Durch einen Trick der Freunde (Experiment) schafft man es, dass der Proband nicht nach Hause kann. Er sitzt also fest. Muss noch bleiben. Es gibt aber in diesem Haushalt nichts weiter zu essen als Süßigkeiten oder Kuchen. Nachdem der Proband schon wirklich sehr hungrig ist, entscheidet er sich für ein Stück Kuchen. Der Kuchen ist Mittel zum Zweck, nicht mehr und nicht weniger. Der Hunger ist kurz gestillt, aber in schnellen Schritten kehrt er wieder zurück. Der Proband muss die Nacht dort verbringen und geht hungrig schlafen. Am nächsten Tag (es ist Sonntag, keine Geschäfte offen) bekommt der Proband Kuchen zum Frühstück. Der Proband empfindet den Kuchen als angenehm. Und nach weiteren zwei bis drei Stunden wird er noch mit Schokolade versorgt, da sonst nichts Essbares zur Verfügung steht. Endlich ist es möglich, dass der Proband wieder nach Hause zurückkehrt. Aber er ist nicht mehr derselbe oder besser gesagt, seine Biochemie ist verändert. Noch weiß er es nicht, aber schon im Laufe der nächsten Mahlzeiten wird er erkennen, dass er plötzlich doch auch Süßes mag. Und er wird es nicht nur mögen, sondern sogar lieben, und wird sich demnächst sogar selbst einen Kuchen kaufen oder sogar backen und auch Schokolade essen.

Was ist da passiert? Im Hungerstoffwechsel Süßigkeiten, Kuchen oder Ähnliches zu essen, verursacht einen überdimensionalen Blutzuckeranstieg mit einer überdimensionalen Freisetzung von Insulin. Stellen Sie sich einfach eine Achterbahnfahrt vor. Der Blutzucker springt in die Höhe und fällt durch das Insulin wieder ganz schnell ab. Dabei landet der Blutzucker aber deutlich unterhalb eines sinnvollen Niveaus, es kommt also zu einer Unterzuckerung. Reagiert man im Unterzucker (Hunger) erneut mit Süßem, geht die Achterbahnfahrt weiter. Und hat man seiner Physiologie einmal diese Fahrt beigebracht, dann reagiert der Körper von diesem Zeitpunkt an sehr sensibel auf Süßes. Der Gusto darauf ist geschürt.

Bei vielen Menschen lösen Süßigkeiten wahre Feuerwerke im System aus. Die Funken sprühen über, und jeder Funke verursacht noch mehr Lust auf Süßes. Daher versuchen viele Menschen, auf Süßes zu verzichten, da sie wissen, dass sie den Konsum nicht kontrollieren und stoppen können. Zumindest solange nicht, bis die ganze Tafel Schokolade oder die ganze Chipspackung verputzt ist. Auferlegte Verbote können daher nur scheitern. Das Motto »Alles oder nichts« ist gerade beim Erlenen neuer

Ernährungsgewohnheiten sehr hinderlich. Solange man motiviert ist, bekommt man mit dem Zuckerentzug keine Probleme. Aber es kommen bestimmt auch schwache Momente, und dann kippt man in die Zuckerfalle. Dabei redet man sich ein, dass man am nächsten Tag wieder vernünftig wird. Dadurch eskaliert die Situation jedoch noch zusätzlich, da man dann einerseits noch hemmungsloser isst und andererseits am nächsten Morgen einem derart großen Druck ausgesetzt ist, dass man diesem nicht standhält und wieder umfällt.

Denken Sie an ihre Kindheit zurück: Wenn Ihnen die Eltern verboten haben, auf den zugefrorenen Teich zu gehen, dann waren Sie erst recht auf diese Idee fixiert. Ein Verbot macht etwas nicht sonderlich Gutes zu etwas unglaublich Besonderem.

Süßes ist nichts Besonderes

Im Prinzip sollten Sie mit dem fit10-Plan in den ersten drei Wochen nicht naschen. Aber ich erkläre meinen Klienten immer wieder, dass sie gerne auch bereits in dieser Phase etwas als Nachtisch naschen dürfen, wenn sie es absolut nicht lassen können. Es ist nämlich nicht gut, wenn man ständig daran denkt, etwas nicht zu dürfen, obwohl man es so gerne haben möchte. Daher ist es besser, diese Gedanken zu stoppen und kontrolliert wenig zu naschen als später unkontrolliert zu viel.

Schaffen Sie es tatsächlich problemlos, drei Wochen nichts zu naschen, dann ist das sehr löblich, aber dann sollten Sie sich damit wieder positiv auseinandersetzen und mit dem Naschen beginnen. Das klingt seltsam, ist es aber nicht. Natürlich haben Sie das Gefühl, nie wieder Süßes zu brauchen. Aber das ist eine Illusion, glauben Sie mir das bitte. Irgendwann kommt der Zeitpunkt – er lässt sich nicht verhindern –, und dann müssen oder wollen Sie zugreifen. Dann aber sind Sie komplett hemmungslos. Denken Sie an das Feuerwerk, das durch Süßes ausgelöst werden kann. Die Funken beginnen zu sprühen, Sie brennen wieder für Süßes. Achten Sie einfach darauf, Süßes nicht in den Himmel zu heben, etwas unglaublich Besonderes daraus zu machen: Die erste Süßigkeit nach drei enthaltsamen Wochen sollten Sie nicht zelebrieren, sondern sich eher beiläufig einen Schokoladeriegel oder ein Stück Kuchen als Nachtisch gönnen. Es ist keine gute Idee, an der Schokoladenrippe 20 Minuten zu saugen. Sie machen dadurch aus etwas Unwesentlichem etwas unglaublich Wichtiges. Wollen Sie das wirklich?

Verbieten Sie weder sich noch Ihrem Kind Essen in jeglicher Form. Versuchen Sie, den Umgang damit zu verbessern. Stellen Sie einfache und umsetzbare Regeln auf, dann werden Sie erkennen, dass eine ausgewogene Nahrungsaufnahme zur selbstverständlichsten Sache der Welt wird. Was sie prinzipiell auch ist. Bloß haben wir dank der überschießenden Nahrungsmittelindustrie einiges verlernt.

Wer einmal in die Grube fällt …

Marschieren Sie mit Ihrem Kind gedanklich durch einen Dschungel. Dort sind gefährliche, mit Blättern bedeckte Bodenfallen für Tiere gelegt. Sie müssen sich konzentrieren. Die Aufmerksamkeit gilt den Fallen, nur so können Sie diese erkennen und umgehen. Aber wehe, wenn Ihre Konzentration nachlässt – Sie setzen einen falschen Schritt, stürzen in die tiefe Grube und sitzen in der Falle. Jetzt braucht es viel Kraft und Kreativität, um da wieder herauszukommen. Verdeutlichen Sie sich und Ihrem Kind, dass, auch wenn Sie einmal in der Zuckerfalle gewesen sind, Sie sich damit positiv auseinandersetzen sollten. Das Herauskommen ist viel schwieriger als das Umgehen. Und Umgehen bedeutet nicht weglassen, sondern ein vernünftiger Umgang damit.

MEMO

Naschen ist erlaubt, aber nur, wenn davor etwas Vernünftiges gegessen wurde. Nach dem Mittagessen oder nach der Jause kann man einen süßen Nachtisch genießen. Im Übrigen gilt dasselbe auch für **Säfte** aller Art. Jeder Schluck Saft zwischendurch löst einen Blutzuckeranstieg aus. Säfte sind jedoch genauso wenig verboten. Hier gilt ebenfalls: Säfte zum Essen trinken und nicht zwischendurch.

KINDERLEICHTE REZEPTE ZUR ANREGUNG

Snacks

Kräuteraufstrich
für ein gutes Gaumengefühl

FÜR 4 PORTIONEN

1 Zwiebel
½ Bund Schnittlauch
½ Bund Petersilie
1 rote Paprikaschote
400 g Magertopfen (Magerquark)
200 g Rahm
Salz
schwarzer Pfeffer aus der Mühle

ZUBEREITUNG

1. Die Zwiebel schälen und fein hacken. Den Schnittlauch waschen, trocken schütteln und in Röllchen schneiden, die Petersilienblätter abzupfen und fein hacken. Die Paprikaschote waschen, längs vierteln und den Stielansatz sowie die Kerne entfernen. Das Fruchtfleisch in kleine Würfel schneiden.

2. Den Magertopfen mit dem Rahm verrühren und die Zwiebel sowie Schnittlauch und Petersilie unterrühren. Mit Salz und Pfeffer würzen. Fertig!
Schmeckt köstlich auf dunklem Vollkornbrot.

Eierschwammerlaufstrich
für das richtige Waldfeeling

FÜR CA. 200 G

10 EL Öl
1 kleine Zwiebel, fein gehackt
300 g Eierschwammerln (Pfifferlinge), kleine Würfel
1 TL Zitronensaft
1 EL Erdmandelmehl
½ TL Bio-Zitronenschale, fein gehackt
3 EL Petersilie, fein gehackt
Salz, Pfeffer

ZUBEREITUNG

1. Öl in einer beschichteten Pfanne erhitzen. Zwiebel darin bei milder Temperatur zuerst weich dünsten, dann unter Rühren goldgelb braten. Eierschwammerln dazugeben, leicht salzen, unter Rühren braten, bis die Pilzflüssigkeit verdampft ist.

2. Im Cutter (Multizerkleinerer) oder mit dem Mixstab Pilze, Zitronensaft, Erdmandelmehl und Zitronenschale zu einem Aufstrich mixen. Petersilie mit dem Rührlöffel unterrühren. Aufstrich mit Salz und Pfeffer abschmecken.

TIPP

Am besten schmeckt der Eierschwammerlaufstrich auf kleinen Toasts!

Kürbis-Miso-Aufstrich
mit Sesam für den Asia-Touch

FÜR CA. 300 G

4 EL Öl
2 EL Miso (aus dem Reformhaus)
2 EL Sojasoße
½ TL Koriandersamen, gemahlen
400 g Kürbisfleisch, kleine Würfel
3 Knoblauchzehen
1 EL Zitronensaft
1 TL Ingwerwurzel, fein gehackt
1 EL gerösteter Sesam, leicht zerstoßen
Salz

ZUBEREITUNG

1. Öl, Miso, Sojasoße und Koriander glatt rühren. Kürbis und Knoblauch mit der Creme vermischen, auf dem Backblech verteilen und im vorgeheizten Backofen ca. 20 Minuten weich garen.

2. Kürbis und Knoblauch durch ein Sieb passieren und mit Zitronensaft, Ingwer und Sesam verrühren. Aufstrich mit Salz abschmecken.

Selbstgemachte Kartoffelchips für hungrige Mäulchen

FÜR 4 PORTIONEN

750 g mehlige Bio-Kartoffeln

1 Prise Kräutersalz

ZUBEREITUNG

Kartoffeln schälen und in feine Scheiben schneiden. Backrohr auf 200 °C vorheizen. Backblech mit Backpapier auslegen, Kartoffelscheiben einzeln ausbreiten und ca. 15 Minuten goldbraun backen. Noch heiß mit Kräutersalz würzen und lauwarm genießen.

TIPP

Wenn Sie dazu einen leckeren Joghurtdip und Rohkost (S. 125) reichen, ergibt das ein köstliches Abendessen. Sie werden sehen, dass es Ihrem Nachwuchs auch **großen Spaß machen wird**, selbst an der Herstellung der Chips mitzuhelfen. Damit erfahren sie spielerisch, woher gesundes Essen kommt, welche Zutaten dazu notwendig sind und wie man sich kostengünstig selbst versorgen kann.

DAS ABENDESSEN

»Frühtücke wie ein Kaiser, esse mittags wie ein König und abends wie ein Bettler« – schon die Altvorderen wussten Bescheid über die Wertung der drei Hauptmahlzeiten.

Der Genuss zum Tagesausklang

Sitzt eine Familie beim Essen beisammen, findet oft ein reger Austausch statt. Da werden Probleme besprochen, Geschichten erzählt, Pläne geschmiedet. Gemeinsame Mahlzeiten sind für viele oft die einzige Möglichkeit, das Familienleben zu managen. Der Arbeits- und Schulalltag macht ein Miteinander oft nicht praktikabel. Deshalb stellt sich das Abendessen als ein Fixpunkt im Zusammenhalt dar. Im Prinzip ergibt sich das Problem, das Nachtmahl zur Hauptmahlzeit zu machen, erst dann, wenn es Gewichtsprobleme in der Familie gibt. Denn essen alle Familienmitglieder am Abend die Portion, die sie eigentlich mittags bräuchten, dann kann das tatsächlich über kurz oder lang zu Übergewicht führen. Vor allem aber ist auf diese Weise eine Gewichtsreduktion nicht möglich. Durch meine langjährige Erfahrung in der Ernährungsberatung sehe ich darin sogar die Hauptursachen für das steigende Übergewicht bei Kindern, aber auch bei Erwachsenen.

Die Abendmahlzeit zu verkleinern und die ungünstigen Ernährungsgewohnheiten während des Tages unverändert zu belassen, würde allerdings nicht zum nachhaltigen positiven Effekt führen. In den vorangegangenen Kapiteln haben Sie bereits gelesen, wie negativ sich unregelmäßige und unausgewogene Mahlzeiten auswirken.

Haben Sie Ihre eigenen Ernährungsfehler und auch die Ihres Kindes bereits erkannt und können Sie die Versorgungssituation während des Tages optimieren, dann ist die Abendmahlzeit, wie ich sie nun empfehle, erfolgreich umsetzbar.

Essen und schlafen

Das Essverhalten wirkt sich auch auf die Schlafgewohnheiten und somit auf die körperliche Erholung aus. Wird abends die Hauptmahlzeit eingenommen, dann muss das gesamte Verdauungssystem hochfahren und volle Leistung bringen. Fleisch, aber auch sehr ballaststoffreiche Kost (Salat, Vollkorn) kann bis zu fünf Stunden im Magen verweilen, bis es weiter in den Dünndarm abgegeben wird. Isst man daher zum Beispiel gegen 20 Uhr eine Hauptmahlzeit, hat der Magen bis nach Mitternacht viel zu tun und erst danach werden Dünndarm, Leber und Bauchspeicheldrüse so richtig aktiv. Denn diese Organe sind für die weiteren notwendigen Verdauungsprozesse verantwortlich. Dies alles passiert, während man vermutlich bereits im Bett liegt und einschlafen sollte.

Durch den anstrengenden Arbeits- und Schulalltag kann es durchaus sein, dass man trotzdem gut einschläft und auch durchschläft, dennoch hat dieser Schlaf meist keine richtig erholsame Wirkung. Denn der hohe Energieaufwand des Verdauungsprozesses verhindert, in die Intensivschlafphasen zu gelangen. Diese kurzweiligen Phasen ermöglichen die eigentliche Regeneration des Körpers. Fallen diese Phasen jedoch aus, kommt der Körper mit der Zeit in einen immer größer werdenden Erschöpfungszustand. Wenn der Wecker läutet, kommt man nur sehr schwer aus dem Bett, man fühlt sich wie erschlagen und braucht einige Zeit, um in die Gänge zu kommen. Die Ermüdung steigert sich zusehends im Laufe der Woche, und am Wochenende ist die Erschöpfung so angewachsen, dass die freien Tage ausschließlich der Erholung gewidmet werden können.

Drehen Sie den Spieß um und versuchen Sie, durch eine gute, regelmäßige und rechtzeitige Versorgung während des Arbeitstages ein kleineres Abendessen einzuhalten. Nach nur wenigen Tagen werden Sie deutliche Veränderungen erkennen. Und wenn Sie es bei sich selbst erkennen, können Sie auch Ihrem Kind viel besser helfen.

Chronischer Schlafmangel kann zu Übergewicht führen. Durch zu wenig Schlaf gerät der Hormonhaushalt durcheinander. Leptin, ein Hormon, das für das Sättigungsempfinden verantwortlich ist, wird durch Schlafmangel zu wenig produziert. Im Gegenzug wird Ghrelin, ein Hormon, das appetitanregend wirkt, in zu hohen Konzentrationen freigesetzt. Des Weiteren ist der Insulinhaushalt durcheinander und begünstigt eine vermehrte Fetteinlagerung. Achten Sie einfach aufs Wesentliche: Es ist gut, als Familie gemeinsame stressfreie Mahlzeiten zu genießen und zu schätzen. Aber es ist absolut kein Drama, wenn das nicht immer möglich ist. Viel wesentlicher ist es, dass jedes Familienmitglied rechtzeitig und ausgewogen versorgt ist, denn das beugt eher einem Fehlverhalten und Übergewicht vor. Daher ist es weit wichtiger, dass Eltern ihre Kinder in der heutigen Zeit so erziehen, dass sie selbständig auf ihre Ernährung achten. Dabei müssen die Eltern einen guten und sinnvollen Vorrat an Lebensmitteln zur Verfügung stellen. Damit ist nicht Tiefkühlpizza, Chickenwings & Co. gemeint, sondern ausreichend Milchprodukte, Brot, Gemüse, Obst, auch vorgekochte Speisen etc.

In der heutigen allgemeinen Ernährungssituation ist in der Ernährungserziehung die Wertschätzung der Nahrung und auch der Nahrungsaufnahme von größter Bedeutung. Neben Computerspielen, fernsehen oder twittern zu essen, ist keine gute Idee. Die Nahrungsaufnahme erfolgt beiläufig und führt daher oft zu einer zu großen Energiezufuhr, da kein Überblick gewahrt wird. Nimmt man Hauptmahlzeiten, und dazu zählt auch das Abendessen, nicht mit all seinen Sinnen wahr, beginnt man meist nach dem Essen, weiter nach Essbarem zu suchen.

Nicht nur eine gute Erholung und Regeneration des Körpers in der Nacht wird durch eine zu große und zu späte Abendmahlzeit verhindert, sondern sie führt auch zu einer stetig steigenden Gewichtszunahme.

ABENDESSEN NACH DER FIT10-METHODE

WOCHE 1–3

- **Eiweiß** und **Fett** (versteckt in Käse & Co. oder sichtbar in Salatmarinade)
- dazu **Gemüse** und **Kohlenhydrate**.

WOCHE 4–7

Abendessen ohne Kohlenhydrate: Ab sofort gibt es keine Kohlenhydrate zum Abendessen, dafür wird die Eiweißmenge erhöht.

- **Eiweiß** (Milchprodukte, Fisch, Schinken, mageres Fleisch)
- **Fett** (versteckt in Käse & Co. oder sichtbar in Salatmarinade usw.)
- **Gemüse**
- **kein** Obst!

WOCHE 8–10

- **Kohlenhydrate** 1 x pro Woche wieder
- Dinner light: ein leichtes **Eiweiß-Abendessen** pro Woche. Sie essen keine Kohlenhydrate, kein Obst und Gemüse, nur leichtes Eiweiß wie Joghurt, Buttermilch, Hüttenkäse.
- Nicht vergessen: **viel trinken.** Vorzugsweise Wasser oder ungesüßten Tee oder stilles Mineralwasser.

Kohlenhydrate am Abend sind grundsätzlich kein Problem. Wenn man aber sein Gewicht reduzieren möchte, dann muss man doch immer wieder neue Reize setzen. Es ist ähnlich wie im Sport. Will man seine sportliche Leistung verbessern, muss man immer wieder neue Trainingsreize setzen. Nachdem man in den ersten drei Wochen abends Kohlenhydrate gegessen hat, kann man diese in der zweiten Phase vorübergehend weglassen. So erfährt Ihr Körper tatsächlich einen neuen Reiz, und die Gewichtsabnahme schreitet fort. Sie müssen aber nicht von da an ständig abends auf Kohlenhydrate verzichten, sondern Sie dürfen und sollen sie in der dritten Phase abends wieder integrieren. Und zum Halten des Gewichtes sind Kohlenhydrate am Abend kein Problem. Das gesamte Essverhalten während des Tages und die Mengen machen den nachhaltigen Erfolg aus.

Kinder und Jugendliche ab zwölf Jahren, die ihr Gewicht in den Griff bekommen möchten, dürfen ab und zu die Kohlenhydrate am Abend weglassen. Aber die Tagesversorgung muss stimmen, und es darf kein Zwang werden.

Ein Abendessen sollte grundsätzlich wie ein Mittagessen alle Komponenten enthalten: Eiweiß, Fett, Kohlenhydrate und Gemüse. Allerdings mit dem großen Unterschied der kleineren Portionsgröße. Grundsätzlich kann man abends wirklich alles essen, wobei es günstig wäre, auf leichtere Kost zu achten. Wenn man seinen fit10-Plan umsetzt, dann wird nach den ersten drei Wochen empfohlen, abends die Kohlenhydrate wegzulassen. Die Eiweißmenge wird stattdessen erhöht, und der Gemüseanteil bleibt. Allerdings gibt es dabei folgende Ausnahmen:

- An Trainingstagen sollte man abends einen Kohlenhydratanteil beibehalten.
- Wenn der Gusto auf Brot zu groß ist.
- Kinder und Jugendliche dürfen abends immer Kohlenhydrate essen.

Abendessen mit Kohlenhydraten

- belegte Brote mit etwas Rohkost
- Gemüsesuppe mit etwas Brot
- Hühnersuppe mit Hühnerfleisch, Gemüse und Suppennudeln
- Kartoffeln mit Sauermilch
- Eine kleine Portion (Reste) von Mittag (ca. nur die Hälfte einer Mittagsmahlzeit)
- Möchte man abnehmen oder möchten Sie, dass Ihr Kind sein Gewicht reguliert, dann sollte die Abendmahlzeit die kleinste Mahlzeit sein. Schafft man während des Tages eine ausgewogene Ernährung, ist eine kleine Abendmahlzeit keine besonders große Herausforderung.

Abendliche Portionsgrößen:
Erwachsene sollten ca. die Hälfte einer Mittagsmahlzeit essen, bzw. nach den Mengen ihres fit10-Planes. Genaue Portionsgrößen für Kinder allgemein zu empfehlen, ist aufgrund der verschiedenen Altersstufen, unterschiedlichen Entwicklungsstufen und auch Freizeitaktivitäten unmöglich. Wenn Ihr Kind die Ernährung grundsätzlich verändert hat, dann ist ebenfalls ungefähr die Hälfte einer Mittagsmahlzeit ausreichend.

ABENDESSEN OHNE KOHLENHYDRATE

Schnelle Fisch-Gemüsepfanne
Fischfilet (z. B. Forelle) würzen, in Teflonpfanne beidseitig anbraten, Gemüseallerlei (auch Tiefkühlkost möglich) in die Pfanne hinzugeben, mitanbraten, nach Geschmack würzen, gerne auch mit einem Schuss Sojasauce aufgießen.

Tomaten-Frühlingszwiebel-Omlett
Frühlingszwiebeln fein schneiden in Teflonpfanne mit etwas Olivenöl anbraten, Cocktailtomaten vierteln, salzen und dazugeben. Zwei Eier in einem Gefäß aufschlagen und verrühren und über das Zwiebel-Tomatengemisch gießen, mitbraten, bis das Omlett vollständig gestockt ist.

Heißer Gemüsemix mit kaltem Eiweißschock
Zucchini, Tomaten, Zwiebel, Knoblauch (oder jegliches andere Gemüse) grob würfeln, in einer beschichteten Pfanne mit etwas Olivenöl anbraten, kräftig nach Geschmack würzen. Ca. 100 Gramm Hüttenkäse mit 50 Gramm Sauerrahm, 1 Esslöffel Essig, Salz und einer gepressten Knoblauchzehe verrühren. Den Gemüsemix auf einem Teller anrichten, und die kalte Eiweißmischung darüber gießen.

Gemüsesuppe mit gerösteten Tofuwürfeln
Basis der Gemüsesuppe: Jede Gemüsesorte ist möglich. 20 Minuten kochen lassen, salzen, nach Geschmack würzen, mit Pürierstab pürieren. Für einen Liter Suppe ca. 120 Gramm Sauerrahm hinzugeben und mit verrühren. 100 Gramm Tofu natur würfeln, in einer erhitzen Pfanne mit etwas Öl anbraten, einen Teelöffel Sesamkörner dazu geben und mit anrösten. Ein bis zwei Knoblauchzehen dazu pressen, mit anrösten, salzen. Die Suppe im Teller anrichten, und den gerösteten Sesamtofu darüber geben.

Klassische Abendmahlzeiten ohne Kohlenhydrate: Mozzarella mit Tomaten, Thunfischsalat, Griechischer Bauernsalat, Hühnerbrust abgebraten auf Salat.

In einem Streitgespräch für eine große österreichische Zeitung, wurde ich von meinem damaligen Gesprächspartner, einem Frauenarzt, als familienfeindlich bezeichnet, weil ich den Familien empfehle, am Abend nicht die größte Hauptmahlzeit zu essen. Dieser Herr war zu diesem Zeitpunkt kinderlos, ich dagegen habe selbst Familie. Ich esse auch mit meinen Kindern und meinem Mann abends, so gut es geht, gemeinsam. Aber wir essen definitiv am Abend nicht so viel wie mittags. Unser Abendessen hat wohl eher den Umfang einer Jause. Es gibt Brot mit Wurst, Schinken, Käse. Dazu etwas Rohkost oder auch Essiggurken, Oliven etc.

MEMO

- Die letzte Mahlzeit sollte ca. **zwei Stunden** vor dem Schlafengehen eingenommen werden.
- In **Ausnahmefällen** (Feste, Geschäftsessen etc.) kann man natürlich auch einmal abends wie mittags essen. Aber dennoch mittags einen Snack genießen.
- An Tagen, an denen man abends Kohlenhydrate isst, wäre es kein Problem, auch eine normale Portion (eine Handvoll) **Obst** zu essen. Jedoch: Lässt man bewusst die Kohlenhydrate am Abend weg, dann sollte man auch kein Obst genießen, da Obst Fruchtzucker (Kohlenhydrate) enthält.
- **Salatberge** oder andere große **Gemüsespeisen** sowie Vollwerternährung sind abends nicht empfehlenswert. Lieber leichte Kost genießen.
- Während **Semmeln** und **Weißbrot** untertags ungünstig sind (schlechter glykämischer Index), ist ab und zu der Genuss dieser beliebten Kohlenhydratquellen abends kein Problem.

Ab und zu gibt es bei uns zu Hause auch Semmeln oder Grießkoch oder es gibt Reste von mittags oder vom Vortag. Aber es ist immer eine kleinere Mahlzeit als mittags. Und wir schaffen es nicht immer, gleichzeitig zu Abend zu essen. Dafür frühstücken wir fast täglich gemeinsam.

Warum sollen Kinder mit dem Abendessen auf einen Elternteil warten, wenn er z. B. erst nach 20 Uhr nach Hause kommt? Es ist auch in Ordnung, wenn die Kinder bereits gegessen haben und ihren Eltern einfach bei Tisch Gesellschaft leisten. Am Wochenende kann man gemeinsame Mahlzeiten zelebrieren. Es ist verständlich, wenn Paare gern gemeinsam das Abendessen genießen wollen. Das verstehe ich. Aber wenn einer der beiden beispielsweise um zwölf Uhr mittags gegessen hat und dann bis 20 Uhr oder noch länger wartet, um mit dem Partner, der Partnerin zu essen, dann wirkt sich dies nicht besonders günstig auf den Stoffwechsel und die gewünschte Gewichtsregulierung aus. Sollten Sie aber am Abend für Ihre Familie vorkochen und beispielsweise die zubereitete Mahlzeit auch abends selbst essen wollen, dürfen Sie gerne auch eine kleine Fleischmenge mit Sauce und Gemüse genießen.

Man sollte auf jeden Fall gemeinsamen Mahlzeiten große Bedeutung schenken und dies auch wirklich schätzen, wenn es möglich ist. Denn: »Beim Essen kommen die Leut' zusammen«, besagt schon ein altes Sprichwort. Das war immer schon so und wird immer so sein. Aber die heutigen Arbeits- und Schulzeiten und die vielen Freizeitaktivitäten lassen gemeinsame Mahlzeiten seltener werden. Die Ernährungserziehung und das Essverhalten sollten aber dennoch nicht darunter leiden.

TEIL II

KINDERLEICHTE REZEPTE ZUR ANREGUNG

Abendessen

Feine Karottensuppe für einen smarten Abend

ZUTATEN FÜR 4 PORTIONEN

1 große Zwiebel
4 cm frischer Ingwer
600 g Karotten
2 EL Rapsöl
1 TL Kurkuma
800 ml Gemüsesuppe (Bio-Gemüsebouillon)
Saft und Schale von 1 Bio-Zitrone
250 g Frischkäse
4 Scheiben Vollkornbrot
1 Bund Petersilie (oder Koriander)
Salz

ZUBEREITUNG

1. Zwiebel, Ingwer und Karotten schälen und klein schneiden. Zwiebel im Rapsöl glasig anschwitzen, Kurkuma kurz mitrösten, mit Suppe aufgießen. Karotten zugeben. Suppe aufkochen und bei mittlerer Hitze köcheln lassen, bis die Karotten und der Ingwer weich sind (ca. 15 Minuten). Suppe mit dem Mixstab pürieren, mit Salz und Zitrone abschmecken.

2. Brotscheiben im Toaster oder in einer Pfanne rösten. Petersilienblätter abzupfen und fein schneiden.

3. Aus dem Frischkäse mithilfe von zwei Löffeln Nockerln formen und in die Suppe legen. Suppe mit Petersilie bestreuen und mit den Brotscheiben servieren.

Eierspeis mit Bauernbrot
für einen zünftigen Abend

ZUTATEN FÜR 4 PORTIONEN

4 Paprika- und Pfefferonischoten, farblich gemischt
1 große Zwiebel
4 TL Rapsöl
8 Eier
6 EL Milch
4 Scheiben Roggen(vollkorn)brot
Salz, Pfeffer

ZUBEREITUNG

1. Paprika- und Pfefferonischoten längs halbieren, Strunk und Kerne entfernen und ca. 10 Minuten unter den Grill legen, bis die Haut Blasen wirft. Kalt abschrecken und die Haut entfernen. Die Schoten in schmale Streifen, die geschälte Zwiebel halbieren und in feine Ringe schneiden.

2. In einer Pfanne Öl erhitzen, Zwiebel, Paprika und Pfefferoni zugeben und 3–4 Minuten unter Rühren anbraten. Mit Salz und Pfeffer würzen.

3. Eier mit Milch versprudeln, würzen und über das Gemüse gießen. Bei mittlerer Hitze garen, bis die Eimasse gestockt ist (nach Wunsch mehr oder weniger), dabei immer wieder umrühren. Mit Brotscheiben anrichten.

Gemischter Salat
mit Hühnerfilets für einen sonnigen Abend

ZUTATEN FÜR 4 PORTIONEN

1 Bund Rucola
½ Romana- oder Eichblattsalat
½ Grüner Salat
4 Tomaten
½ Salatgurke
1 Bund Schnittlauch
3 EL Weißweinessig
1 TL scharfer Senf
Salz, Pfeffer
7 EL Olivenöl
500 g Hähnchenbrustfilets
1 TL Ahornsirup oder Honig

ZUBEREITUNG

1. Rucola und Salate waschen und in mundgerechte Stücke zupfen. Tomaten und Gurke waschen und in kleine Stücke schneiden. Schnittlauch waschen, trocken schütteln und in Röllchen schneiden.

2. Für die Salatsauce Essig mit Senf, Salz und Pfeffer verrühren. 5 EL Olivenöl unterschlagen, bis die Sauce eine cremige Konsistenz hat.

3. Das Hähnchenfleisch in feine Streifen schneiden. Das übrige Öl in einer Pfanne erhitzen, die Hähnchenstreifen darin bei starker Hitze unter Rühren etwa 4 Min. braten. Mit Salz, Pfeffer und Ahornsirup würzen.

4. Die Salatzutaten mit dem Dressing mischen und auf Tellern verteilen. Die Hähnchenstreifen darauf anrichten und servieren.

Belegte Brote
für einen gemütlichen Abend

ZUTATEN FÜR 4 PORTIONEN

1 kleine Zwiebel
4 kleine Tomaten
4 Scheiben Roggen-Dinkel-Vollkornbrot
4 EL Magertopfen
4 Blätter Eisbergsalat
120 g Rindersaftschinken in Scheiben
120 g fettarmer Hartkäse in Scheiben

ZUBEREITUNG

Zwiebel schälen. Zwiebel und Tomaten in Scheiben schneiden. Salatblätter der Größe der Brotscheiben anpassen. Jeweils zwei Brotscheiben mit Frischkäse bestreichen und die Salatblätter vorsichtig andrücken. Mit Zwiebel, Tomaten, Schinken und Käse belegen, aufeinander legen und in mundgerechte Stücke schneiden.

Rohkost mit Joghurt-Rahm-Dip als kohlenhydratfreies Abendessen mit Verwöhnfaktor

ZUTATEN FÜR 4 PORTIONEN

4 Karotten
1 große oder 2 kleine Zucchini
1 Bund Frühlingszwiebeln

Für den Joghurt-Rahm-Dip
250 g Magerjoghurt
125 g Sauerrahm
Saft von ½ Bio-Zitrone
Salz, Pfeffer
2 Knoblauchzehen
1 Bund Petersilie

ZUBEREITUNG

1. Karotten putzen, Zucchini waschen und beides in breite Streifen schneiden. Frühlingszwiebeln waschen, putzen, die grünen Enden kürzen und der Länge nach halbieren.

2. Für den Joghurt-Rahm-Dip das Joghurt mit Sauerrahm mischen, den Knoblauch hineinpressen, mit Zitronensaft abschmecken und mit Salz und Pfeffer würzen. Zuletzt die Petersilienblätter von den Stängeln zupfen, fein hacken und untermischen.

3. Die Gemüsestreifen in bunten Gläsern hübsch anrichten, den Dip in Schalen füllen und gemeinsam auftragen.

TIPP

Diese Suppe passt auch als fit10-Mittagessen – in diesem Fall bereitet man sie pro Portion mit 400 g Kartoffeln und 250 g Forellenfilet zu und reicht eine Scheibe Brot dazu.

Feine Gemüsesuppe mit geräucherter Lachsforelle für die besondere Gaumenfreude

ZUTATEN FÜR 4 PORTIONEN

750 g Kartoffeln, festkochend
2 Karotten
200 g Knollensellerie
1 große Zwiebel
2 Knoblauchzehen
2 EL Rapsöl
1 l Gemüsesuppe (Bio-Gemüsebouillon)
4 EL Sauerrahm (saure Sahne)
2 EL glattes Mehl
Petersilienblätter
4 Lachsforellenfilets, geräuchert
Salz, Pfeffer, Majoran, Kümmel (evtl. gemahlen)

ZUBEREITUNG

1. Kartoffeln, Karotten, Sellerie, Zwiebel und Knoblauch schälen. Kartoffeln, Karotten und Sellerie in gleich kleine Würfel schneiden (kurze Garzeit!).

2. Zwiebel und Knoblauch klein schneiden und im Öl anschwitzen. Suppe zugießen, Majoran und Kümmel zugeben, aufkochen lassen und bei schwacher Hitze köcheln lassen, bis das Gemüse bissfest ist.

3. Rahm mit dem Mehl glatt rühren. Suppe vom Herd nehmen, Rahmmischung mit einem Schneebesen zügig einrühren. Suppe unter Rühren nochmals aufkochen lassen. Suppe mit Salz und Pfeffer abschmecken, anrichten und mit Lachsforelle und Petersilie dekorieren. Dazu gibt es Brot.

Rezeptregister

… mit Büchern von Christina Lachkovics-Budschedl

Christina Lachkovics-Budschedl
Elfi Jirsa

Kohlenhydrate sind keine Dickmacher

Das Kochbuch

120 Seiten, durchgehend farbig,
Hardcover, 23 x 23 cm
978-3-7088-0548-1 · 19,99 EUR

Viele tausend Abnehmwillige haben sich mithilfe des Bestsellers »Kohlenhydrate sind keine Dickmacher« von ihren überflüssigen Kilos befreit. Mit der Methode fit10 lernt man wieder, regelmäßig und vernünftig zu essen, und erlangt ein neues Lebensgefühl – und das ohne den gefürchteten Jo-Jo-Effekt. Das praktische Kochbuch unterstützt den Leser bei der Umsetzung des Ernährungskonzeptes und zeigt, wie man sich ausgewogen ernähren kann. Viele einfache Rezepte machen Lust aufs Kochen und Essen, Tipps zum gesunden Essen im Büro, Kochen auf Vorrat etc. ergänzen die Rezepte. Mehr als 80 einfache und ausgewogene Rezepte für morgens, mittags und abends werden ebenso präsentiert wie Promis, die sich nach der Methode fit10 ernähren und ihre Lieblingsrezepte verraten.

WWW.KNEIPPVERLAG.COM

Aufgaben

Größen und Rechnen

Geometrie

Daten und Zufall

Gleichungen, Zuordnungen und Funktionen

Anhang